DRESDEN
DIE KUNSTSTADT

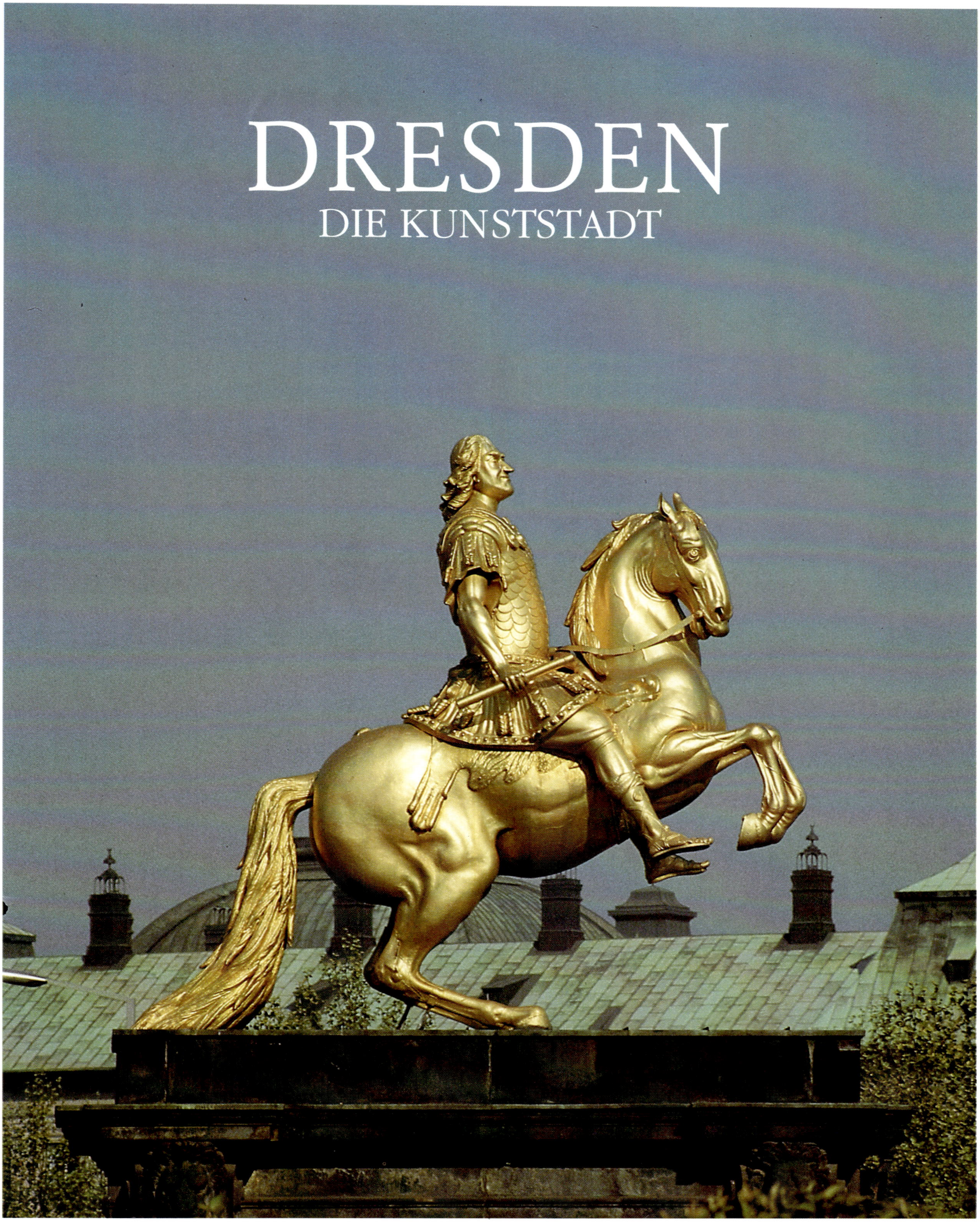

DRESDEN
DIE KUNSTSTADT

Fotografie Axel M. Mosler
Text Kurt Biedenkopf · Gerhard Glaser · Günter Jäckel · Harald Marx
Jürgen Paul · Günter Reinheckel · Eberhard Steindorf · Bärbel Stephan
Eberhard Stimmel · Dieter Zumpe

Bucher

Inhalt

Seite 1: Der «Goldene Reiter», das Standbild Augusts des Starken, auf dem Neustädter Markt.
Seite 2/3: Blick vom Neustädter Elbufer auf die nächtliche Altstadt.
Links: Im Zwinger.

Um König von Polen werden zu können, trat August der Starke (1670–1733) zum katholischen Glauben über. Die vergoldete polnische Königskrone auf dem Kronentor des Zwingers ist ein Symbol seiner Machtfülle.

Vorangehende Doppelseite: Blick über die Westseite des Zwingers. Im Hintergrund links die Semperoper.

Kurt Biedenkopf

Brücke nach Osteuropa

Am 3. Oktober 1990, dem Tag der deutschen Einheit, wurde Dresden wieder das, was es jahrhundertelang war: die Landeshauptstadt Sachsens. Trotz der Wunden, die ihr der Krieg und die darauffolgenden vierzig Jahre sozialistischer Mißwirtschaft geschlagen haben, ist diese Stadt ihrem Ruf treu geblieben, eine der schönsten Städte Europas zu sein.

Das Gesicht Dresdens prägten Kurfürsten und Könige ebenso wie selbstbewußter Bürgersinn. Künstler aus Italien und Frankreich hinterließen hier ihre sichtbaren Zeichen, indem sie ihr Stilempfinden der einzigartigen Landschaft dieser Stadt anpaßten. Baumeister aus Sachsen standen mit ihren einmaligen Leistungen den auswärtigen Künstlern um nichts nach.

So ist es kein Wunder, daß Dresden wie keine andere Stadt Ostdeutschlands Menschen aus anderen deutschen Ländern, aus Ost- und Westeuropa und der ganzen Welt in seinen Bann zieht. Die Besucher genießen «Elbflorenz», die Stadt der Museen und Künste, und stehen betroffen vor der Ruine der Frauenkirche und des Dresdner Schlosses.

Dresden zeichnet sich von jeher durch einen produktiven Liberalismus aus, der sicher als eine sächsische Eigenschaft bezeichnet werden darf. Nur so konnte diese Stadt zur Heimat von Menschen werden, die mit ihren Leistungen unverwechselbare Zeugnisse einer freien Entfaltung der Künste, der Wissenschaft und des Gewerbes hinterließen.

Es ist daher gewiß kein Zufall, daß starke Impulse der friedlichen Revolution im Herbst 1989 von der Dresdner Bevölkerung ausgingen. Dresden war die erste Stadt in der alten DDR, in der es in den heißen Oktobertagen gelang, den Konflikt zwischen der Bevölkerung und der Polizei gewaltlos zu beenden. Die Polizisten legten ihre Schilde nieder. Die Demonstranten wählten die «Gruppe der 20» und zwangen die SED-Führung zum Dialog.

Daß viele von denen, die damals mutig und unbeirrt auf der Straße ihre Freiheitsrechte eingefordert haben, heute politische Verantwortung in frei gewählten Gremien und damit für den Freistaat Sachsen übernommen haben, ist eine wichtige Voraussetzung dafür, daß nicht nur Dresden, sondern ganz Sachsen bald wieder den Ruf und den Glanz gewinnen werden, die sie in ihrer langen Geschichte erworben haben.

Dresden ist ein sichtbares Beispiel für den Fleiß, die Tatkraft und den Gestaltungswillen seiner Bürger, aber auch für die Toleranz der Bevölkerung und ihrer sächsischen Herrscher. Daß neben der katholischen Hofkirche das berühmteste protestantische Gotteshaus, die Frauenkirche, entstehen konnte, kennzeichnet den Geist, der die Stadt Dresden über Jahrhunderte prägte.

So offen sich diese Stadt gegenüber den Einflüssen der anderen europäischen Hochkulturen zeigte, so aufgeschlossen war sie auch gegenüber ihren östlichen Nachbarn. Und das nicht nur, weil einige sächsische Kurfürsten zu polnischen Königen gewählt wurden. Dresden ist die am weitesten östlich gelegene deutsche Residenzstadt, die in intensiven Beziehungen zu ihren Nachbarn stand.

Schon die sehr frühe Geschichte Dresdens bewegt sich um den Elbübergang an der Großen Handelsstraße von Westen nach Osten, die von Franken über Plauen, Zwickau,

Chemnitz, Freiberg und weiter über Bautzen, Görlitz, Breslau bis nach Krakau führte. Seit dem 13. Jahrhundert ist Dresden eine Brücke nach Osten.

Gerade daraus erwächst dem Freistaat Sachsen und seiner Landeshauptstadt die besondere Verpflichtung, die in den vergangenen Jahrzehnten unterbrochene Verbindung zu seinen östlichen Nachbarn wiederaufzubauen. Es gehört zu der besonderen Verantwortung des östlichsten deutschen Bundeslandes, dafür Sorge zu tragen, daß im Zusammenwirken mit Böhmen und Oberschlesien eine Euroregion entsteht, die die Vorstufe für die Einbeziehung der Länder Osteuropas in die Europäische Gemeinschaft ist.

Angesichts der vielfältigen Schäden, die die jüngste Vergangenheit hinterlassen hat, ist solche Zusammenarbeit von größter Dringlichkeit. So wird die Rettung der Wälder des Erzgebirges, dessen Silberschätzen Dresden einst seinen Reichtum verdankte, nur möglich sein, wenn die betroffenen Länder durch gemeinsame Maßnahmen die Ursachen der hohen Umweltbelastung beseitigen. Der Ausbau grenzüberschreitender Verkehrswege wird gewachsene Bindungen zwischen den Sachsen und ihren Nachbarn neu beleben und Handel wie Tourismus fördern.

Dann wird Dresden auch wirtschaftlich wieder an seine Vergangenheit anknüpfen können. In den letzten Jahrzehnten des 19. Jahrhunderts vollzog sich die Wandlung von einer Residenz-, Fremden-, Beamten- und Rentnerstadt zu einer modernen Industriestadt mit all ihren sozialen Spannungen.

Für die Grundindustrien blieb wenig Raum, um so mehr wurde Dresden Mittelpunkt der mannigfachsten Veredelungs- und Luxusindustrien, voran für Zigaretten, Schokolade, aber auch für chemische und pharmazeutische Produkte. Die Fotoindustrie mit allem Zubehör stellte ein weiteres Hauptkontingent dar.

Diese wirtschaftliche Situation führte zu einem Aufschwung besonders der technischen Wissenschaften. Die Technische Hochschule Dresden errang bald internationalen Ruf. Ihre Gebäude, wie fast die gesamte Innenstadt Dresdens,versanken in einer einzigen Nacht am 13. Februar 1945 in Schutt und Asche.

Gerade als Wahldresdner bin ich immer wieder beeindruckt, welche Aufbauleistungen die Menschen hier trotz der widrigen wirtschaftlichen und politischen Umstände schon in den vergangenen Jahrzehnten erbracht haben. Um so bedauerlicher ist, daß durch die verfehlte Baupolitik der SED gleichzeitig viele Bauwerke, die den Krieg überstanden hatten, verfallen sind.

Als Landeshauptstadt eines demokratischen Staates übernimmt Dresden zugleich die Verpflichtung, die wertvolle geistige und bauliche Substanz der Vergangenheit zu beleben, zu bewahren und wenn möglich zu rekonstruieren. Dabei wird zugleich darauf zu achten sein, daß Traditionen nicht allein die Garantie für die Zukunft eines demokratischen Gemeinwesens sind. An dieser Aufgabe wird bereits fleißig gearbeitet. Wer heute durch Dresden geht, bemerkt die neuen Dächer auf Häusern, die vor wenigen Monaten noch dem Verfall preisgegeben waren. Die Brühlsche Terrasse ist bereits fast vollständig rekonstruiert und bietet sich den Besuchern wieder als der «Balkon Europas» dar. Die eben abgeschlossene Wiederherstellung der Fassade des Dresdner Schlosses hat dem Theaterplatz viel von seiner weltbekannten Schönheit wiedergegeben.

Aber nicht nur im Zentrum der Stadt wandelt sich das Bild zum Guten von Tag zu Tag, auch in den Außenbezirken, etwa in Loschwitz, wo ich jetzt wohne, erlebe ich Zeichen der neuen Entwicklung: Die berühmte Brücke «Das blaue Wunder» hat einen frischen – natürlich blauen – Anstrich erhalten, die Standseilbahn, jahrelang außer Betrieb, befördert die Besucher wieder auf den Elbhang, und die von George Bähr erbaute und in den letzten Kriegstagen bis auf die Grundmauern ausgebrannte Loschwitzer Kirche ist vollständig eingerüstet, um wiederaufgebaut zu werden.

Eine wichtige Voraussetzung für diese Aufbauarbeit ist die finanzielle Unterstützung der Bundesregierung und der westdeutschen Länder. Nichts aber wäre möglich ohne den Einfallsreichtum, den Tatendrang und den Fleiß, mit dem die Menschen hier eigene Initiativen entwickeln, um die Schäden der Vergangenheit schnell zu beseitigen.

Im Hof der Zwingeranlage. – In sorgfältiger Rekonstruktion konnte eines der großartigsten Bauwerke des Barock wiederhergestellt werden. Wer dem hektischen Treiben der Großstadt entfliehen will, kann sich im prachtvollen Ambiente des Innenhofes erholen.

Ich gewinne für meine eigene Arbeit sehr viel Kraft aus der Zuversicht, mit der nicht nur die Dresdner, sondern die Sachsen insgesamt an dieses Aufbauwerk gehen.

So bin ich auch sicher, daß Dresden sehr bald wieder ein Spiegelbild sächsischer Tradition, sächsischen Fleißes und sächsischen Könnens sein wird. Die Stadt Dresden wird wieder zum geistigen und kulturellen Zentrum im Osten Deutschlands werden, das die europäische Entwicklung aktiv mitgestaltet. Dank seiner wissenschaftlichen Leistungen und seiner tief verwurzelten Kultur wird Dresden in besonderer Weise dazu beitragen können, Distanzen zwischen Ost und West abzutragen, Brücken zu schlagen und sich so zu einer wahrhaft europäischen Stadt zu entwickeln.

Jürgen Paul

Glanz, Zerstörung und Wiederaufbau

Die Entwicklung Dresdens im Spiegel seiner Architektur

Vor seiner Zerstörung in der Nacht vom 13. zum 14. Februar 1945 wurde Dresden gerühmt, die schönste Großstadt Deutschlands, ja, eine der schönsten Städte Europas zu sein. In der Tat, Dresden war etwas Besonderes. Die Hauptstadt des ehemaligen Königreichs, nach 1918 des Freistaates Sachsen, war nicht nur mit ihren unvergleichlichen Kunstsammlungen und ihrem anspruchsvollen künstlerischen, musikalischen und literarischen Leben neben Wien, Berlin und München eines der führenden kulturellen Zentren im deutschsprachigen Raum, sie besaß auch städtebaulich eine Großzügigkeit, die ihr eine besondere Ästhetik kultivierter Noblesse verlieh.

Dieses Bild Dresdens ersteht in unzähligen Fotografien wieder: die Silhouette der Türme und der Kuppel der Frauenkirche vom Opernhaus über Schloß und Landtagsgebäude hinweg bis zur Kunstakademie an der Brühlschen Terrasse. In zweihundert Jahren war hier ein einzigartiges städtebauliches Gesamtkunstwerk entstanden, in dem die Lage am Fluß als Bühne und der Fluß mit seinen Ufern als Panoramaraum bewußt in die Gestaltung einbezogen wurden. Die Dresdner Elbfront hat die Zerstörungen des Krieges und der Nachkriegszeit in ihren wichtigsten Teilen überlebt, und so kann man noch heute, wenn man am gegenüberliegenden Elbufer steht oder die Augustusbrücke überquert, das majestätische architektonische Panorama als eindrucksvolle ästhetische Erfahrung erleben. Doch erst wenn die Frauenkirche, wie geplant, wieder aufgebaut ist, wird dieses Kunstwerk wieder vollständig sein.

Aber die städtebauliche Schönheit Dresdens bestand nicht nur in seinem Elbpanorama, sie beruhte vor allem – auch heute noch – auf einer einzigartigen Symbiose von Stadt und Landschaft. Schon die Romantiker priesen die Lage Dresdens in dem weiten, von sanften Hügelzügen umgebenen Kessel, den die Elbe in einem langgezogenen Bogen durchfließt.

Hier hatte sich im 19. Jahrhundert auf beiden Ufern des Flusses und die Talränder hinauf die Großstadt ausgebreitet, deren charakteristische städtebauliche Struktur vor allem die Offenheit ist. Dresden war und ist eine grüne Stadt. Schon im frühen 19. Jahrhundert hatte die Bauverwaltung dafür gesorgt, daß die wachsende Stadt ihren «ländlichen Charakter» behielt. Dresden bestand weitgehend aus freistehenden Häusern in oft parkartigen Gärten an breiten Baumalleen. Obwohl das Prinzip der offenen Bauweise im späten 19. Jahrhundert nicht mehr überall beachtet wurde, gab es in Dresden kaum eine verdichtete Bebauung mit engen Hinterhöfen. Nur das relativ kleine Geschäftszentrum in und um die historische Altstadt war dicht bebaut.

Obwohl weite Bereiche der Stadt 1945 ausgelöscht wurden und an die Stelle der alten Villen nichtssagende Neubauten getreten sind, blieb die städtebauliche Offenheit grundsätzlich erhalten. Auch heute noch hat man fast von überall einen freien Blick auf die baum- oder rebenbestandenen und mit Villen durchsetzten Hügelränder; man erlebt die weiten Perspektiven den Fluß entlang oder von den Hängen hinab auf den Flußbogen und die Türme.

Hinsichtlich der kulturellen Bedeutung Dresdens denkt man meist zuerst an die Blütezeit als prunkvolle barocke Residenzstadt. Kunsthistorisch gilt Dresden als Stadt des Barock. Aber seine eigentliche Anziehungskraft und Ausstrahlung begann erst um 1800,

Ein imposanter dreiflügeliger Bau war das kurfürstlich-sächsische Stallgebäude zu Dresden, das Andreas Vogel 1623 in seinem Gemälde «Stallhof und Stallgebäude in Dresden» festhielt. Im Hof des Gebäudekomplexes sind Stechbahn und Schwemme zu sehen (Öl/Holz; 32 x 49,5 cm; HM).

als hier das Zentrum der romantischen Bewegung war. Die lebendige und architektonische Symbiose von kulturellem Leben, künstlerischer Atmosphäre und dem kultivierten Reichtum nobler Villenarchitektur und öffentlicher Prachtbauten bildete sich erst im 19. Jahrhundert, als Dresden zum bevorzugten Wohnort wohlhabender Leute wurde und sich die Hauptstadt des blühenden Industrielandes Sachsen zur Großstadt entwickelte.

Begonnen hat Dresden bescheiden: als slawisches Fischerdorf mit dem sorbischen Namen «Drezdzane», «Auwaldbewohner». Daneben bauten die Markgrafen von Meißen um 1200 eine Burg, die den Elbübergang am Scheitel des Flußbogens bewachte, und bald ließen die Markgrafen hinter der Burg eine Stadt anlegen, die 1216 zum ersten Mal mit Stadtrecht erwähnt ist. Sie erhielt den charakteristischen Grundriß der Gründungsstädte des deutschen Ostens: einen ungefähr quadratischen Marktplatz in der Mitte und ein rechtwinkliges Gittersystem schmaler Gassen. Etwas abgerückt vom Markt erhielt die Pfarrkirche ihren Platz. Ursprünglich dem Kaufmannsheiligen Nikolaus geweiht, später Kreuzkirche, steht sie noch an der alten Stelle, wenn auch heute etwas verloren an dem beim Wiederaufbau zu einer riesigen Fläche vergrößerten Altmarkt. Hauptpfarrkirche blieb allerdings bis zur Reformation die Frauenkirche des älteren Dorfes, der Vorgängerbau des berühmten barocken Kuppelbaus. Auf dem gegenüberliegenden flachen Ufer der Elbe lag ein weiteres Dorf, ein Rundling, für das sich der Name «Altendresden» einbürgerte und das 1403 ebenfalls Stadtrecht erhielt. Die Brücke, die beide Seiten verband, ist schon seit 1287 als Steinbrücke bezeugt.

Im Mittelalter war Dresden keine bedeutende Stadt. Das änderte sich, als die Stadt 1486 zur Residenz der albertinischen Linie der Wettiner wurde und Herzog Moritz 1547 die Kurwürde erworben hatte. Die Stadt erhielt eine neue Befestigung, die das alte Dorf um die Frauenkirche mitumschloß. Die mittelalterliche Burg wurde zum prächtigen Residenzschloß ausgebaut. Schon 1530 bis 1535 hatte Herzog Georg östlich den Georgenbau angefügt, der das Elbtor der Stadt einbezog – so entstand die Situation, daß das Stadttor von der Brücke aus gleichzeitig schon ein Teil des Schlosses ist. Noch heute heißt es Georgentor; seine jetzige Gestalt erhielt es allerdings erst um 1900.

Am Terrassenufer. Im Hintergrund von links nach rechts der Turm der Frauenkirche, die Kuppel der Akademie der Bildenden Künste und der Schloßturm (Postkarte um 1905/10).

Der Kurfürst Moritz ließ dann das gesamte Schloß erweitern und in großen Teilen völlig neu bauen. Italienische Künstler brachten die modernen Renaissanceformen mit. Die damals gewonnene bauliche Grundgestalt der Vierflügelanlage, deren eine Seitenmitte von dem erhöhten mittelalterlichen Hausmannsturm eingenommen wird, hat sich bis heute erhalten. Höhepunkt der Innenausstattung, die das Dresdner Schloß zu einer der prachtvollsten Residenzen seiner Zeit machte, war die Schloßkapelle. Davon erhalten blieb nur das an andere Stelle versetzte Portal, 1555/56 nach dem Entwurf des Juan Maria de Padua geschaffen, ein Hauptwerk der italienisch beeinflußten Renaissancekunst in Deutschland.

Das Dresdner Schloß behielt den Charakter eines Renaissanceschlosses, obwohl es vielfach umgebaut und erweitert wurde. Der Hausmannsturm wurde 1674 erhöht und erhielt einen geschwungenen Barockhelm. Nach einem Brand 1701 ließ August der Starke durch den Franzosen Raymond Leplat das Innere mit prachtvollen Staatsräumen ausstatten. 1889 bis 1901 wurde das Äußere des Schlosses in reicher Neurenaissance mit jugendstilartigen Einschlägen neu gestaltet.

Der Wiederaufbau des 1945 völlig ausgebrannten Schlosses stellt diese neueste Fassung im Äußeren wieder her, während der große Hof in den Zustand des 16. Jahrhunderts zurückversetzt werden soll. Im Inneren, das von den Staatlichen Kunstsammlungen genutzt werden wird, will man das berühmte Grüne Gewölbe und einige andere historische Räume rekonstruieren.

Das augusteische Zeitalter

Die eigentliche Glanzzeit Dresdens begann in der zweiten Hälfte des 17. Jahrhunderts, als es unter August dem Starken zur Residenz eines typisch barocken Hofs des Absolutismus wurde, der die Stadt und ihre Umgebung in die prunkvolle Repräsentation und üppigen

Blick über den Zwinger. Im Hintergrund die Sophienkirche (Postkarte um 1920).

Feste miteinbezog. Schon unter Johann Georg III. war das Hofleben immer weiter über die Mauern des Residenzschlosses hinausgewachsen. 1664 ließ er das erste feste Opern- und Komödienhaus bauen, 1676 nach französischem Vorbild vor den Toren der Stadt den Großen Garten anlegen mit dem Palais, das ausschließlich den sommerlich-ländlichen, festlichen Vergnügen des Hofes diente.

Ein einziger riesiger Festsaal nimmt das ganze Hauptgeschoß ein. Die Vorbilder für die monumentale Architektur des Palais im Großen Garten mit den ausgreifenden Freitreppen und den beiden vorspringenden Flügeln bezog der Baumeister Johann Georg Starcke aus dem damaligen französischen Schloßbau. Auch das Palais im Großen Garten brannte 1945 beim Angriff auf Dresden aus; an der Wiederherstellung wird aber seit Jahren gearbeitet. Der Große Garten hatte für die städtebauliche Entwicklung Dresdens eine große Bedeutung: Das weitläufige Rechteck mit seinen alten Bäumen wurde später zum beliebtesten Ausflugsziel der Bevölkerung; zwischen ihm und der Stadt entwickelte sich ein vornehmes Villengebiet, das sich bald um den ganzen Park herumzog. Nur Reste sind heute davon noch erhalten. Als August der Starke 1694 an die Regierung kam und 1697 in Personalunion zum polnischen König gewählt wurde, trat Dresden zusammen mit der polnischen Residenzstadt Warschau in den Kreis der europäischen Hauptstädte. Die rege Bautätigkeit, die nun begann, hat, auch wenn viele der ehrgeizigen Pläne unausgeführt blieben, Dresden städtebaulich und architektonisch bis heute geprägt. Eine Reihe hervorragender deutscher, französischer und italienischer Architekten waren nun tätig, meist als Leiter des 1718 eingerichteten Oberlandbauamtes.

Der bedeutendste war Matthäus Daniel Pöppelmann, geboren im westfälischen Herford. Zu seinem Hauptwerk wurde der Zwinger, eine der eigentümlichsten Bauanlagen und zugleich einer der künstlerischen Höhepunkte des europäischen Barock.

Der Zwinger – nach der nahegelegenen Bastion der Befestigung benannt – war kein Schloß, sondern die monumentale architektonische Rahmung eines Festplatzes. Zum

Besuch des Dänenkönigs 1709 in Dresden wurde, wie das zu solchen Anlässen im Barock üblich war, ein hölzernes «Amphitheater» errichtet, das August der Starke auf Pöppelmanns Vorschlag zwischen 1711 und 1728 in Stein ausführen ließ. Der fast quadratische Hof ist an zwei gegenüberliegenden Seiten zu tiefen Exedren ausgebuchtet, eine durchgehende Bogengalerie umzieht das Ganze, durchbrochen nur durch zwei Tor- und Treppenpavillons und das überkuppelte Krontor – mit der polnischen Königskrone auf der Spitze. Vier rechteckige Pavillons mit festlich ausgestatteten Sälen überhöhen die Ecken der Langseiten. In einem der Säle waren kunstvolle Wasserspiele installiert, die rauschende Kaskade des Nymphenbades dahinter ist bis heute erhalten. Pöppelmann nannte seinen Zwinger eine «römische Erfindung» und dachte dabei an das berühmte Marsfeld; vor allem aber erinnert die von dem aus Salzburg gekommenen Bildhauer Balthasar Permoser üppig mit Skulptur ausgestattete Anlage an barocke Bühnenarchitekturen. Französisches, Wienerisches und Italienisches sind hier zu einer genialen architektonischen Erfindung verschmolzen. Eine Verlängerung bis zur Elbe an der offenen Seite und ein unter dem Nachfolger Augusts des Starken geplantes neues Schloß, für das der Zwinger den festlichen Vorhof gebildet hätte, wurden nicht ausgeführt.

Rechte Seite: Seiner Lage an der Stadtbefestigung verdankt der Zwinger seinen Namen. Der Blick auf die Gesamtanlage zeigt besonders deutlich, wie die Klarheit des Baukörpers mit den verspielten Formen barocker Baukunst zu einem großartigen Gesamtkunstwerk verschmilzt.

Die Zeit der großen Feste war bald vorbei. In die Räume des Zwingers zogen statt dessen wertvolle Sammlungen ein. Die offene Seite blieb ein hölzernes Provisorium, bis sie hundert Jahre später von Gottfried Semper durch den Bau der Gemäldegalerie geschlossen wurde. Im 19. Jahrhundert verfiel der Zwinger, bis man um 1900 – vor allem unter dem Einfluß des großen Dresdner Architekturhistorikers Cornelius Gurlitt – seine Schönheit und seinen künstlerischen Rang wiederentdeckte. Als der Zwinger in der Bombennacht aufs schwerste zerstört wurde, war eine langwierige Generalrestaurierung gerade acht Jahre zuvor abgeschlossen worden.

Das Bauwerk, mit dem Pöppelmann in Dresden begonnen hatte, war das Taschenbergpalais, das August der Starke für seine Mätresse, die Gräfin Cosel, errichten ließ. Später diente es dem jeweiligen Kronprinzen als Wohnung. Es steht heute noch als Ruine zwischen Zwinger und Schloß und soll nun als Hotel wiederaufgebaut werden, doch der geplanten historischen Wiederherstellung dieses wertvollen Barockgebäudes angemessener wäre sicher eine repräsentative politische oder eine museale Nutzung.

Kurz vor der Vollendung des Zwingers begann das zweite Bauwerk emporzuwachsen, dem Dresden seinen Ruhm als Barockstadt verdankt: die Frauenkirche – kein Bauunternehmen des Hofes, sondern der Bürgerschaft. Ihr Baumeister, George Bähr, gehörte nicht zum Kreis der Hofarchitekten, sondern bekleidete das eher biedere Amt des Ratszimmermeisters. Die Frauenkirche wurde sein einziger großer Bau. Mit ihm schuf er ein architektonisches Kunstwerk von europäischem Rang. 1722 begonnen, war dies der erste Kirchenneubau nach der Reformation. (Es gab damals die Kreuzkirche, eine spätgotische Hallenkirche mit hoher Turmfront von 1492 bis 1499, und die Sophienkirche, 1351 als zweischiffige Klosterkirche der Barfüßer gebaut, seit 1602 Pfarrkirche. Die Kriegsruine dieser einzigen erhaltenen mittelalterlichen Kirche Dresdens wurde 1963 samt ihren zwei neugotischen Türmen im Zuge einer verirrten Stadtplanung abgerissen.) Die Frauenkirche war als Zentralbau konzipiert, außen quadratisch mit abgeschrägten Ecken, im Inneren ein runder Predigtraum, von acht Pfeilern umstanden, dazwischen mehrere Reihen von Emporen eingehängt, die über in die Winkel eingebaute Treppen zu erreichen waren. Dem runden Gemeinderaum war ein Chor mit Kanzel, Altar und Orgel angefügt, der nach außen als ovale Apsis hervortrat. Über dem Kreis des Predigtraums wölbte sich eine flache Innenkuppel, durch deren offene Mitte man in die lichte Weite der hochaufragenden Außenkuppel hinaufsehen konnte.

Seite 18/19: Das Dresdner Altstadtpanorama zu Beginn der dreißiger Jahre: unten in der Mitte der Zwinger, darüber der Theaterplatz mit dem italienischen Dörfchen. Links die Semperoper, rechts (von oben nach unten): Hofkirche, Schloß, Taschenbergpalais und die Sophienkirche. Ganz rechts: Neumarkt mit Frauenkirche und Albertinum.

Die Frauenkirche, wie sie bis 1945 stand, war das Ergebnis eines jahrelangen, schwierigen Planungsprozesses, in dem sich Bähr mit viel Kritik, Intrigen und Finanzierungsschwierigkeiten herumquälen mußte, in dem er aber auch viele fruchtbare Anregungen, vor allem von seiten des Hofbaumeisters Johann Christoph Knöffel, aufnehmen konnte, und von August dem Starken selbst ermutigt wurde. Daß daraus ein Werk aus einem Guß

Fortsetzung Seite 29

Im Siebenjährigen Krieg fielen ganze Stadtteile dem Bombardement der Preußen zum Opfer. Einzig die Frauenkirche widerstand. Doch 1945 konnte auch sie nicht trotzen. So blieben für Jahrzehnte nur Fotos als Zeugnis der einzigartigen Gestaltung der Kirche, die jetzt wiederaufgebaut wird.

Links: Das als Residenz der Wettiner unter Kurfürst Moritz im 16. und 17. Jahrhundert im Renaissancestil umgebaute Schloß (Aufnahme aus den zwanziger Jahren). Rechts: Das Portal vom Großen zum Kleinen Schloßhof (nach 1910) von Johann Georg Starcke aus dem Jahr 1682 mit Bildhauerarbeiten der Brüder Süßner.

Mehrere bauliche Veränderungen erlebte der Schloßhof (Vorkriegsaufnahme), der Elemente von der Renaissance bis zum Jugendstil aufwies. Am Wiederaufbau des 1945 stark beschädigten Schlosses wird gearbeitet.

Eine der schönsten Gassen Dresdens, die Rampische Gasse, brannte 1945 völlig aus. Ihr Reichtum an Erkern und die individuell gestalteten Mansardendächer wurden gekrönt von der Frauenkirche (Aufnahme um 1900).

Eine der städtebaulich wichtigsten Straßenführungen Dresdens, die Prager Straße, existierte nach der Bombennacht von 1945 nicht mehr. Die Häuser der Anlage von 1851 wurden zerstört, die Verbindung des Stadtkerns mit dem Hauptbahnhof unterbrochen (Fotografie aus der Vorkriegszeit). Heute ist die Prager Straße eine zentrale Achse geworden.

Als die Nationalsozialisten und ihre Anhänger in der «Reichskristallnacht» vom 9. zum 10. November 1938 brandschatzend durch die Stadt zogen, fiel die Synagoge, von Gottfried Semper genau ein Jahrhundert zuvor erbaut, ihrer Zerstörungswut zum Opfer.

Links: Höhepunkt der Neugotik in Dresden: die Türme der Sophienkirche. Die Reste der 1945 zerstörten Kirche wurden 1962 abgebrochen.
Rechts: Die viermalige Zerstörung der Kreuzkirche zeugt von der wechselvollen Geschichte Dresdens. Beim Wiederaufbau des ursprünglich spätgotischen Baus im 18. Jahrhundert schwankte man zwischen Spätbarock und Klassizismus. Er ist heute das einzige historische Gebäude am Altmarkt.

Anfang des 20. Jahrhunderts wurde der Landtag, bekannt als Ständehaus, auf der Brühlschen Terrasse errichtet. Noch heute wird an der Renovierung des 1945 ausgebrannten Hauses gearbeitet.

Links: Mächtig erhob sich die Kuppel der Frauenkirche über den Dächern der Häuser an der Salzgasse. Ihre Ruine steht noch heute als Mahnmal gegen den Krieg. Rechts: Der spätbarocke Bau der Annenkirche erhielt zu Beginn des 19. Jahrhunderts einen rein klassizistischen Turm. Sie ist 1945 nur beschädigt worden.

In der Kreuzschule wird seit Jahrhunderten die Tradition des berühmten Kreuzchors gepflegt. Der charakteristische neugotische Bau von 1864/65 wurde im Zweiten Weltkrieg zerstört.

Folgende Doppelseite: Transportweg und Badeanstalt gleichermaßen war die Elbe zu Beginn unseres Jahrhunderts. Hier eine Aufnahme von 1907 vom Neustädter Elbufer über das Damenbad auf die Altstadt mit ihrer herrlichen Kulisse.

TETSCHEN

BASTEI
DAMENBAD.
DAMENBAD

Vor dem Altstadtpanorama zeugt die Dampfschiffanlegestelle am Elbufer wie auf dieser Aufnahme aus den zwanziger Jahren von der Bedeutung der Elbschiffahrt für Sachsen.

wurde, ist jedoch allein der Genialität George Bährs zu verdanken. Es war seine kühne Idee, die Kuppel vollständig in Stein zu wölben, und er gab ihr die unvergleichlich schöne, glockenhaft schwingende, aufsteigende Form, die die Frauenkirche zu einer der großartigsten und originellsten Kuppellösungen des Barock macht, von der klassischen Typologie der römischen Peterskuppel völlig unabhängig. Einen Tag nach dem Bombenangriff stürzten die Kuppel und der gesamte Bau ausgeglüht in sich zusammen. Die Ruine und der gewaltige Trümmerhaufen sind seit über 45 Jahren ein erschütternder Anblick, ein Mahnmal gegen den Krieg und für den Frieden. Der Wiederaufbau der Frauenkirche aber wird der Welt ein architektonisches Kunstwerk von höchstem Rang und der Stadt Dresden eines ihrer bedeutendsten Baudenkmäler und das Wahrzeichen ihres Stadtbildes zurückgeben.

Die Jahrzehnte der barocken Residenz, vor allem die Regierungsjahre Augusts des Starken, veränderten die Stadt durchgreifend, am spürbarsten jenseits der Elbe. 1685 war die aus dem slawischen Rundling gewachsene Stadt Altendresden einem Brand fast ganz zum Opfer gefallen. Sie wurde durch den Festungsbaumeister Wolf Kaspar von Klengel nach den Prinzipien der barocken Idealstadt und nach dem Muster der neuen französischen Königstadt Versailles auf dem Grundriß eines Dreistrahls neu aufgebaut und in Neue Königstadt umgetauft, was später zu «Neustadt» verkürzt wurde.

Vom Schwarzen Tor, 1811 zum runden Albertplatz erweitert, gehen drei Achsen aus, deren mittlere, als breite Promenade ausgelegt, direkt auf die Elbbrücke und das Schloß zielt. Vor der Brücke erweiterte sie sich zu einem Marktplatz mit dem Rathaus. Zwei pyramidenförmige Gebäude sollten den Brückenkopf flankieren. Nur eins kam – nach verändertem Plan – zur Ausführung: das «Blockhaus». August der Starke ließ auch die Elbbrücke neu bauen. Er dachte dabei an die Rialto-Brücke in Venedig, doch deren steile Führung ließ sich in Dresden nicht wiederholen. 1727 bis 1731 wurde nach dem Entwurf von Pöppelmann ein gewaltiges, wegen seiner Breite und technischen Kühnheit viel bewundertes Brückenbauwerk mit 17 Bogen auf 18 Pfeilern errichtet. Nach dem Vorbild des Pont Neuf König Heinrichs IV. in Paris sollte hier das Reiterstandbild Augusts des Starken aufgestellt werden, wegen seines Gewichts wurde es statt dessen 1736 auf dem Markt der Neustadt errichtet. Durch die Anlage einer breiten, quer verlaufenden Verkehrsstraße wurde in den letzten Jahren der städtebauliche Zusammenhang von Augustusbrücke und Neuer Königstadt leider zerstört. Wenigstens wurde die Mittelachse, die jetzt wieder in «Hauptstraße» zurückbenannte «Straße der Befreiung», mit einer zwar langweiligen, aber immerhin maßstäblichen Bebauung wiederhergestellt. Mit den alten Häusern, die hier noch stehen, ist die ehemalige barocke Promenade wieder einer der attraktivsten städtebaulichen Räume des neuen Dresden geworden.

Eine Idee Augusts des Starken, der in seiner Jugend in Venedig gewesen war und sich für den von Palästen gesäumten Canal Grande begeistert hatte, war, die Elbe zu einer architektonisch gefaßten Wasserstraße auszubauen und den Fluß als Bühne – zum Beispiel für pompöse Gondelregatten, Feuerwerke und gespielte Seeschlachten – in das höfische Festleben einzubeziehen. 1717 ließ August der Starke das Holländische Palais auf der gegenüberliegenden Elbseite von Pöppelmann zu einem vierflügeligen Porzellanschloß mit ostasiatisch geschwungenen Dächern, dem «Japanischen Palais», ausbauen. Gleichzeitig wurde das alte Schlößchen im Dorf Pillnitz elbaufwärts ebenfalls von Pöppelmann zu einem «indianischen Lustschloß» erweitert, mit einer breiten Freitreppe ins Wasser als Anlegestelle für die Gondeln der Hofgesellschaft. 1726 erwarb der König noch das elbabwärts am Flußufer gelegene Schloß Übigau, das nach Plänen des Berliner Baumeisters Eosander von Göthe gerade fertiggestellt war – und das heute in einem Industriegebiet das Schattendasein einer vergessenen Perle führt. Dies war der Beginn für die Symbiose von Stadt und Strom, die heute noch Dresdens schönste städtebauliche Eigenschaft bildet.

Das Bauwerk jedoch, das in diesem Dialog zwischen Stadt und Fluß die wichtigste Rolle spielt, entstand erst unter dem Sohn Augusts des Starken, August III.: die katholische Hofkirche. Um sich vom polnischen Adel zum König wählen zu lassen, war August der Starke zum katholischen Glauben übergetreten. Der Bau einer repräsentativen katholischen Hofkirche war im lutherischen Dresden eine heikle Angelegenheit. Die Vorbereitungen wurden daher unter strenger Geheimhaltung betrieben. Als Architekt wurde in Warschau der aus Rom stammende Gaetano Chiaveri verpflichtet. Von 1739 bis 1755 dauerte der Bau. Die Raumaufteilung der Hofkirche ist ungewöhnlich. Es handelt sich um eine dreischiffige Basilika, deren Mittelschiff von einem ganz herumgeführten breiten Gang umlaufen wird – für Prozessionen, die aus Rücksicht auf die lutherische Bevölkerung nur innerhalb der Kirche abgehalten wurden. Stilistisch ist die Hofkirche ein ganz und gar römisches Werk. Der plastische Schwung ihrer Formen hat die Bauten des Francesco Borromini zum Vorbild. Chiaveri drehte die Hofkirche aus der Achse des Schlosses so, daß sie schräg auf die Brücke ausgerichtet ist und der zierliche Turm einen schon auf der Brücke mit einem festlichen Bild empfängt; gleichzeitig erscheint der Turm aus der Stadt als Blickpunkt der Straße, die auf das Georgentor und die Brücke zuführt.

Schlichtheit und klare Proportionen

Während der prunkvollen Hofhaltung Augusts des Starken blieb Dresden soziologisch aber weiterhin eine vom Bürgertum geprägte Stadt. Der Adel war hier weniger stark als in Wien, Prag oder München. Nur wenige Adelspalais entstanden. Doch das Bürgertum orientierte sich nun selbst an den Vorbildern der höfischen Architektur. An der mittelalterlichen Struktur der alten Stadt mit ihren engen Gassen und schmalen Häusern änderte sich nichts; doch die neuen Häuser hatten nun barocke Fassaden und gebrochene Mansardendächer. Es entstand das herrliche, barocke Stadtbild Dresdens, das 1945 im Feuersturm vernichtet wurde.

Im Siebenjährigen Krieg ließ Friedrich der Große von Preußen 1760 Dresden mit Kanonen beschießen. Die Kuppel der Frauenkirche widerstand damals den Bomben, doch ein Drittel der Stadt fiel in Trümmer. Goethe hat sieben Jahre später von der Kuppel der Frauenkirche erschüttert auf die Trümmer ringsum herabgeschaut. Die prachtvolle spätgotische Kreuzkirche war eingestürzt – Bellotto hat die gewaltige Ruine im Bild festgehalten –, an ihrer Stelle baute der Schüler und Nachfolger George Bährs, Johann Georg Schmidt, 1764 bis 1792 die neue Kirche, die mit ihrem breitgelagerten Schiff und schönen Turm heute die leere Weite des Dresdner Zentrums beherrscht. Das zerstörte Viertel war bald wiederaufgebaut. Doch der architektonische Geschmack hatte sich geändert. Es herrschte nun ein schlichter Stil mit einfachen Linien und klaren Proportionen, den man im 19. Jahrhundert abfällig den «Dresdner Hungerstil» nannte. Das bedeutendste Bauwerk dieser Zeit, das – nach Kriegszerstörungen mit seinem weiträumigen Treppenhaus wiederaufgebaut – erhalten ist, ist das 1770 bis 1776 errichtete Landhaus, ein anderes das benachbarte Gewandhaus von 1768 bis 1779.

Mit dem Ende des Siebenjährigen Krieges begann für Dresden erst einmal eine ruhige Zeit. Doch gerade diese Ruhe zog die romantischen Dichter und Maler in die schöne, von Kunstschätzen angefüllte und von malerischer Landschaft umgebene Stadt, wo man zwar fern der politischen Ereignisse, aber kultiviert lebte. 1809 befahl Napoleon die Niederlegung der Festungswerke, erst 1817 bis 1829 wurde sie aber wirklich vollzogen. Nur das Stück entlang der Elbe, von der Brücke bis zu der nordöstlichen, Jungfern- oder Venusbastei genannten Ecke der Befestigung, blieb erhalten. Dort hatte bis 1747 eines der fürstlichen Lusthäuser, Vorgänger des Palais im Großen Garten, gestanden, dann von 1749 bis zur Zerstörung durch Friedrich den Großen ein «Belvedere», ein Hauptwerk des Rokoko in Dresden. Graf Brühl, der mächtige und reiche Minister Augusts III., hatte um 1740 diesen Teil der Festung zu einer Gartenanlage ausbauen lassen. Der Gouverneur der russischen Besatzung, Fürst Repnin-Wolkonski, ließ 1814 den Garten für die Bürger öffnen und die breite Freitreppe anlegen. Auf ihr besteigt man heute vom Schloßpark und der Augustusbrücke aus die Brühlsche Terrasse, den «Balkon Europas», von dem aus seit der

«Die Mohrenstraße im Schutt so wie die Kreuzkirche mit ihrem geborstenen Turm drückten sich mir tief ein und stehen noch wie ein dunkler Fleck in meiner Einbildungskraft», schrieb Goethe beim Anblick der zerstörten Kreuzkirche, die die preußischen Truppen 1760 in Trümmer geschossen hatten. Canaletto hielt «Die Trümmer der ehemaligen Kreuzkirche» im Bild fest (Leinwand; 80 x 109,5 cm; AM).

Romantik unzählige Menschen den majestätischen Blick über den Fluß hinüber zur Neustadt und den umgebenden Hügelzügen genossen haben.

Mit dem Abbruch des Festungsgürtels öffnete sich die Stadt zur Landschaft. Allerdings wurde es in Dresden versäumt, wie in anderen Städten an der Stelle der niedergelegten Wälle eine großzügige Ringpromenade zu schaffen. Statt dessen wurde das Terrain bis auf eine schmale Ringstraße als Baugelände vergeben. Zuerst entstanden hier kleine, freistehende «Landhäuser», wie man sie in der Romantik liebte, die Vorläufer der Villen des 19. Jahrhunderts. Eines der schönsten, das erhalten blieb, ist das schlichte, kubische Haus Antonstraße 8. Zum Ende des 19. Jahrhunderts wuchs aber entlang dem Ring eine dichte Wohn- und Geschäftshausbebauung, die die Altstadt regelrecht einschnürte. Die Zerstörung des Zweiten Weltkrieges hat hier nichts übriggelassen. Beim Neuaufbau wurden der nun freie Ring und die Kreuzungsplätze allerdings vollständig dem Autoverkehr geopfert.

In den ersten Jahrzehnten nach 1800 war der sächsische Staat arm. Es entstanden in Dresden nur wenige öffentliche Bauten, so daß der Klassizismus das Stadtbild Dresdens daher kaum geprägt hat. Das 1818 bis 1826 von Christian Friedrich Schuricht errichtete Neue Palais des Pillnitzer Schlosses zeigt sich nur im Innern als Bau des Klassizismus; außen paßt es sich dem Stil von Pöppelmanns «indianischem Lustschloß» an. Der einzige bedeutende, konsequent klassizistische Bau, die Altstädter Wache, wurde 1830 bis 1832 erbaut. In der Form eines ionischen Tempels, flankiert von zwei niedrigeren Flügeln, ist die Wache ein reifes, in seiner Antikennachahmung fast akademisch zu nennendes Werk des nach Dresden verpflanzten Berliner Klassizismus. Der Entwurf stammte von dem großen Berliner Baumeister und (seit 1830) Leiter des Staatsbauamts Karl Friedrich Schinkel. Von dem Dresdner Joseph Thürmer ausgeführt, steht die Altstädter Wache noch heute fast wie ein Architekturmodell etwas fremd in ihrer Umgebung zwischen Schloß, Zwinger und Gemäldegalerie.

Oben: Einige der Pläne, die der geniale Architekt Zacharias Longuelune (1669–1748) anfertigte, blieben in den Schubladen des Hofes liegen. So auch dieser Entwurf für das Zeughaus in Dresden. Unten links: Das Belvedere im Brühlschen Garten, hier ein Aufriß der Gartenfront von Johann Christoph Knöffel (1686–1752), der dieses Palais zwischen 1749 und 1751 verwirklichte. Unten rechts: Das 1678 bis 1683 erbaute Gartenpalais am Palast-Teich im Großen Garten, von Johann Georg Starcke für die sommerlichen Vergnügungen des Hofes erbaut, orientierte sich an französischen Vorbildern.

Gottfried Semper

Zwei Jahre nach der Vollendung der Schinkelwache kam ein Architekt in die Stadt, der Dresden wieder zu einem Zentrum der Baukunst machte: Gottfried Semper. Er wurde zum Begründer einer Dresdner Schule der Baukunst, die noch lange, nachdem Semper Dresden 1849 als Revolutionär verlassen mußte, weiterwirkte und die Architektur in ganz Deutschland nachhaltig beeinflußte: durch die Bauten und die Professur von Sempers Nachfolger, Georg Hermann Nicolai. Auch später blieb Dresden mit seiner Akademie, danach mit der Architekturfakultät der Technischen Hochschule ein Zentrum der Architektenausbildung. Viele bedeutende Architekten wie der Berliner Reichstagsarchitekt Paul Wallot oder der spätere Hamburger Stadtbaurat Fritz Schumacher, Heinrich Tessenow und Wilhelm Kreis, haben hier gewirkt.

Als Semper nach Dresden kam, standen zwei große kulturelle Bauaufgaben an: ein neues Hoftheater und ein Galeriegebäude für die berühmte Gemäldesammlung. Das wieder wohlhabende Königreich Sachsen konnte sie sich jetzt leisten, und dem jungen Akademieprofessor fielen sie zu. Er nutzte diese Projekte zu einem genialen städtebau-

Zwei bedeutende Beispiele der Arbeit Gottfried Sempers (1803–1879), der die Idee eines städtebaulichen Gesamtkunstwerks verfolgte. Oben: Der erste Entwurf für eine Gemäldegalerie auf der Stallwiese in Dresden von 1838. Statt dessen wurde 1847 bis 1855 die Sempergalerie auf der Elbseite des Zwingers gebaut. Unten: Der Vorentwurf für das Dresdner Hoftheater im Aufriß der nördlichen Seitenfront von 1837/38. Dieses erste Hoftheater Sempers wurde 1838 bis 1841 erbaut und brannte 1869 nieder.

lichen Vorschlag: nämlich um Pöppelmanns Gedanken, die offene Seite des Zwingers bis an die Elbe zu führen, zu verwirklichen. Dieser sogenannte Forumsplan Sempers sah vor, den Zwinger durch zwei Flügel zu verlängern. Der dem Schloß am nächsten gelegene sollte die Galerie aufnehmen, der andere sollte, als Orangerie, mit dem Neubau des Theaters abschließen. Schinkels klassizistische Wache wollte Semper als freistehenden monumentalen Abschluß an das Ufer der Elbe versetzen.

Der Forumsplan hätte den Zwinger in den Zusammenhang der großen Bauten an der Elbe einbezogen, er hätte einen grandiosen städtebaulichen Raum geschaffen, vielteilig monumental gerahmt und zur Weite des Flusses geöffnet, doch er scheiterte an der Engstirnigkeit der Behörden. Gebaut wurde aber immerhin das Hoftheater. 1841 war seine Eröffnung, schon 1869 brannte es jedoch ab und wurde 1871 bis 1878 durch das heute noch bestehende zweite Hoftheater ersetzt. Das erste Hoftheater war ein für die Typologie des Theaterbaus wie für die Stilgeschichte des Historismus wichtiges Werk. Während Schinkel sein Schauspielhaus in Berlin oder Karl von Fischer das Nationaltheater in München mit einer Tempelfront fassadenhaft verkleideten, zeigte Sempers Theater das Halbrund des Zuschauerraums in klarem Kontur nach außen. Die Gliederung der um

Die Elbe als Transport- und Lebensader der Stadt. Die Fotografie zeigt die Brühlsche Terrasse mit der katholischen Hofkirche und dem Hoftheater im Jahre 1857.

das Halbrund geführten Bogengalerien verwies auf klassische römische Amphitheater wie das Colosseum. Für die stilistischen Formen aber griff Semper auf die italienische Hochrenaissance zurück. Das neue Dresdner Hoftheater leitete die Neurenaissance in der historistischen Architektur ein und wurde für unzählige Bauten in Deutschland, nicht nur Theater, zum Vorbild.

Für den Bau der Gemäldegalerie wurde Semper gezwungen, seinen Forumsplan endgültig aufzugeben. Die staatliche Behörde wies ihn an, das Galeriegebäude als Abschlußriegel vor die offene Seite des Zwingers zu stellen. Semper folgte in seinem Bau dem von Leo von Klenze in der Alten Pinakothek in München geschaffenen Galerietypus. Der langgestreckte Trakt enthält über dem gewölbten Untergeschoß eine hintereinander geschaltete Folge von Oberlichtsälen mit begleitenden Seitenlichtkabinetten. In seiner äußeren Gestaltung stellt sich der Bau selbstbewußt, ja dominierend vor den Zwinger. Die hohen Proportionen und die ernsten, schweren Renaissanceformen, das monumentale Pathos des Mittelrisalits mit seinem römischen Triumphbogen und der ursprünglich

Links: Der in Hamburg geborene Architekt Gottfried Semper gelangte über Frankreich, Griechenland und Italien 1834 als Professor an die Kunstakademie nach Dresden. Rechts: Das alte Opernhaus an der Zwingerstraße, das Matthias Daniel Pöppelmann in den Jahren 1718/19 erbaut hatte, brannte in den Wirren des Maiaufstands von 1849 ab.

Ein Höhepunkt und zugleich der Abschluß des Werks Gottfried Sempers war der von seinem Sohn Manfred ausgeführte Plan des II. Hoftheaters in den Jahren von 1871 bis 1878. Das I. Hoftheater war 1869, ebenso wie die Pöppelmann-Oper zwanzig Jahre zuvor, ein Raub der Flammen geworden (Aufnahme von 1910/15).

höher geplanten Kuppel treten in Gegensatz – oder in Dialog – zu Pöppelmanns heiterer und luftiger Beschwingtheit. Sempers Galeriegebäude wurde zum direkten Vorbild für eine ganze Anzahl anderer Museumsbauten der folgenden Jahre.

Schon bald erwies sich das neue Galeriegebäude als zu klein für die Schätze der Dresdner Gemäldesammlung. Erweiterungspläne blieben bei Ausbruch des Ersten Weltkrieges unausgeführt liegen. Nach der teilweisen Zerstörung 1945 wurde die Sempergalerie bis 1960 wiederaufgebaut und muß jetzt baulich bereits wieder saniert werden. Doch bald wird sie zusammen mit dem Zwinger und dem wiederaufgebauten Schloß ein reiches, dichtes Museumsensemble bilden.

Als das Hoftheater 1869 abbrannte, gelang es den kulturell interessierten Kreisen durchzusetzen, daß trotz der politischen Animositäten des Hofes gegen den zwanzig Jahre zuvor steckbrieflich verfolgten Gottfried Semper dieser wieder mit dem Neubau beauftragt wurde. Semper, der nun hochangesehen in Wien lebte, überließ allerdings die Ausführung 1871 bis 1878 seinem Sohn Manfred. Das zweite Hoftheater wurde

Dieser «Blick auf Dresden» von Ad. Michalsky hält in einer aquarellierten Zeichnung die vom Neustädter Elbufer gesehene Stadtsilhouette fest. Der rege Schiffsverkehr zeigt die Bedeutung des Flusses als Handelsweg (Zeichnung, aquarelliert; 55 x 92 cm; MG).

größer und aufwendiger als das erste. Semper verlegte es etwas zurück, um den Blick auf die neue Gemäldegalerie freizugeben. Die Grundkonzeption des architektonischen Aufbaus blieb dieselbe, doch die schlichte Komposition wurde monumental bereichert. Das Halbrund des Zuschauerraums ist von einem hohen Bühnenhaus überragt und von zwei ausladenden Treppenhausflügeln flankiert. So entstand eine fassadenhaft ausgebreitete Front, deren Mitte von einer denkmalhaften Monumentalnische betont wird. Die stilistischen Formen sind die, die Semper bei seinen Bauten in Wien verwendete: statt Hochrenaissance ist es römischer Barock. Kritiker haben später diesen Zuwachs an architektonischer Monumentalität und formalem Pomp im Vergleich zum ersten Hoftheater bedauert, inzwischen ist jedoch auch Gottfried Sempers zweites Dresdner Opernhaus als eine der großen Leistungen der Baukunst des 19. Jahrhunderts anerkannt. 1945 ausgebrannt, danach wegen unterlassener Sicherung teilweise eingestürzt, stand das Opernhaus dreißig Jahre notdürftig gedeckt, bis der Staatsratsvorsitzende Erich Honecker den historisch getreuen Wiederaufbau zu einem Prestigeunternehmen der DDR erhob. Mit einem nie genannten Kostenaufwand, aber auch mit außerordentlicher Sorgfalt wurde die Innenausstattung der «Semperoper» nach den Originalplänen Sempers von 1977 bis 1985 denkmalpflegerisch wiederhergestellt. Dresden hat seitdem wieder einen der schönsten Theaterbauten der Welt.

Gottfried Semper hat in Dresden nur zwei Wohnbauten errichtet, beide für den Bankier Martin Wilhelm Oppenheim. 1838 beauftragte dieser den Architekten mit dem Bau der Villa Rosa in der Holzhofgasse, auf einem Grundstück am Neustädter Elbufer. 1845 bis 1848 errichtete Semper dann für ihn ein großes Stadtpalais an der Bürgerwiese. Beide Bauten existieren nicht mehr; sie brannten 1945 aus und wurden später abgerissen. Doch beide hatten eine große typen- und stilbildende Bedeutung. Mit der Villa Rosa schuf Semper einen neuen Villentypus. Semper gestaltete eine heitere, offene Bauform, für die er sich an der oberitalienischen Villenarchitektur Andrea Palladios und den Genueser

Eine Stadt der Lebensfreude, die dem Bürgertum vielfältige Möglichkeiten zum Flanieren bot, war Dresden zu Beginn des 19. Jahrhunderts, wie der Kupferstich «Blick auf Dresden-Neustadt vom Finanzhaus aus» von Carl August Richter (1770–1848) aus dem Jahr 1830 zeigt (Kupferstich, koloriert; 52 x 63 cm; MG).

Palästen orientierte. In unzähligen Villen, zuerst in Dresden, dann verbreitet über ganz Mitteleuropa, wurde Sempers Prototypus in den folgenden Jahrzehnten übernommen und abgewandelt. Auch beim Palais Oppenheim (später Kaskel-Oppenheim; aus dem Bankhaus Kaskel ging 1872 die Dresdner Bank hervor) bediente sich Semper eines italienischen Vorbildes: des Palazzo Pandolfini in Florenz aus dem 16. Jahrhundert. Auch die Monumentalität dieser kraftvoll gegliederten Hochrenaissance-Fassade ist für viele repräsentative Bauten bis in die siebziger Jahre des 19. Jahrhunderts zum Vorbild geworden.

Repräsentative Villen

Mit der Villa Rosa begann die große Geschichte der Villenarchitektur des 19. Jahrhunderts in Dresden. Dresden war jetzt eine sehr reiche Stadt, in der nicht nur das Geld des Industrielandes Sachsen zusammenfloß, sondern auch die Vermögen wohlhabender Familien, die aus ganz Deutschland und aus dem Ausland hierherkamen, um in der heiteren, kulturell regen Stadt und ihrer schönen Umgebung ein Leben in kultiviertem Wohlstand zu verbringen. Neben seiner Bedeutung als Regierungssitz, Verwaltungs- und Industriestadt hatte Dresden im 19. Jahrhundert gesellschaftlich den Charakter eines großen Baden-Baden. Dies und die Vorschrift der offenen Bauweise ließen die Tausende von Villen besonders seit den sechziger Jahren des 19. Jahrhunderts entstehen, die den städtebaulichen Charakter Dresdens ausmachten. Villen in den Außenbezirken, die die Bombennacht 1945 überlebt haben, stellen noch immer ein dichtes Anschauungsmaterial der Stilentwicklung des repräsentativen Wohnbaus bis nach dem Ersten Weltkrieg dar, wie es – vielleicht außer Berlin – keine andere deutsche Großstadt zu bieten hat.

Den Anfang machten drei besonders große und herrschaftliche Anwesen. Heute werden sie unter dem Namen Elbschlösser zusammengefaßt. In majestätischer Lage stehen sie auf der Kante des steilen Hanges unmittelbar über der Elbe. 1850 beschloß Prinz Albrecht von Preußen, der Bruder König Friedrich Wilhelms IV., sich in Dresden niederzulassen. Wie die Altstädter Wache ist das Schloß Albrechtsberg ein Werk des Berliner Klassizismus. Prinz Albrecht brachte seinen Architekten, den Schinkel-Schüler Adolph Lohse, aus Berlin mit. Dieser entwarf einen geschlossenen kubischen, symmetrischen Bau in strengen antikisierenden Formen, flankiert von zwei eckigen Türmen, mit einer kühl-prachtvollen Innenraumausstattung, den Typus der Belvedere-Villa, wie ihn Schinkel nach dem Muster der römischen Villen des 16. Jahrhunderts konzipiert hatte. Als unmittelbares Vorbild diente Lohse Schinkels damals gerade im Bau befindliches Schloß Pfingstberg in Potsdam. Bei der großartigen Terrassengestaltung des Gartens hinunter zur Elbe fühlte sich jeder Zeitgenosse an die berühmte Villa d'Este in Tivoli erinnert. Lohse errichtete zur gleichen Zeit unmittelbar daneben für den Kammerherrn des Prinzen die Villa Stockhausen, ebenfalls mit zwei, hier achteckigen Türmen.

Das dritte der Elbschlösser, die 1859 bis 1861 erbaute Villa Souchay, später Schloß Eckberg genannt, folgte einem anderen Prototypus: dem des englischen Landschlosses mit seinen Vorbildern in der Tudor-Gotik des 16. Jahrhunderts. Hier drückte sich ein anderes Lebensgefühl aus: Während an den beiden Albrechtsschlössern alles nach außen gerichtete Repräsentation, die architektonische Erscheinung auf die Wirkung aus der Fernsicht komponiert ist, wendet sich die malerisch verschachtelte Baugruppe des Schlosses Eckberg eher nach innen. Der Architekt war Friedrich Arnold, der einzige Neugotiker in Dresden. Von ihm stammten auch die neugotische, 1945 zerstörte Kreuzschule und die Türme der Sophienkirche.

Unten in der Stadt setzten die Villenbauten fast unmittelbar am alten Stadtkern an, zuerst seit den 1840er Jahren entlang der Bürgerwiese. Hier entstanden dann zwischen Parkstraße und Wiener Straße und südlich des Großen Gartens seit den sechziger Jahren Villen von herrschaftlicher Pracht, manche von fast schloßhafter Größe – wie die Villa Kapherr, später im Besitz des Hauses Wettin –, die meisten dem von Gottfried Semper gesetzten Vorbild in Form und Stil folgend. Von ihnen ist jede Spur verschwunden.

Ebenfalls seit den siebziger Jahren entstand das Villenviertel in der Südstadt hinter dem Hauptbahnhof, das sogenannte Schweizer Viertel. Von ihm sind heute wenigstens noch Reste erhalten. In der Neustadt bildete sich schon seit 1861 um die Radeberger Straße ein etwas bescheideneres Villenviertel, das «Preußische Viertel» – weil hier vor allem Offiziere der nahen Garnisonen wohnten –, das heute noch weitgehend erhalten ist. In rascher Entwicklung dehnten sich die Villen in der Ebene elbaufwärts in dem damals noch selbständigen Vorort Blasewitz aus, vor allem aber an den nach Süden geneigten Hängen rechts der Elbe, flußabwärts an den Weinbergen der Lößnitz in Radebeul, flußaufwärts auf den beiden Höhen über dem Vorort Loschwitz. Hier entstanden zwischen Villen und kleinen Landhäusern im Kurort Bad Weißer Hirsch und in Oberloschwitz bald auch die vor dem Krieg berühmten vornehmen Sanatorien. Was alle Dresdner Villen gemeinsam haben, ist die außerordentlich solide Bauweise. Noch bis zum Ersten Weltkrieg wurden als Baumaterial Elbsandsteinquader verwendet, nicht nur für die Außenmauern, sondern auch für die Zwischenwände und die Treppen.

In den 45 Jahren zwischen der Reichsgründung und dem Ersten Weltkrieg wuchs Dresden rasch. Die Einwohnerzahl stieg von 177 000 im Jahre 1871 auf 530 000 im Jahre 1919. Nach 1870 kam die Industrie, die bisher systematisch von der vornehmen Haupt- und Residenzstadt ferngehalten worden war. In kurioser Weise beherrscht einer dieser Industriebauten bis heute das Stadtbild: die ehemalige Zigarettenfabrik Yenidze, die 1909 als maurische Moschee mit bunter, gläserner Kuppel, die Schornsteine als Minarette verkleidet, gebaut wurde.

Die weit gewachsene Stadt brauchte weitere Brücken über die Elbe. 1875 bis 1877 wurde die Albertbrücke nach dem Vorbild von Pöppelmanns Augustusbrücke gebaut. Die 1892 bis 1895 entstandene Carolabrücke, näher am Zentrum, eine künstlerisch gelungene Eisenkonstruktion auf Steinpfeilern, wurde nach der Sprengung 1945 völlig

Eines der ungewöhnlichsten Zeugnisse moderner Industriearchitektur stellt die ehemalige Zigarettenfabrik Yenidze von 1909 dar. Nicht nur die gläserne Kuppel (siehe auch Abbildung Seite 192), sondern auch der minarettartige Turm des Gebäudes erwecken den Eindruck einer orientalischen Moschee.

Richard Riemerschmid, einer der bedeutendsten Vertreter des Jugendstils, verwirklichte ab 1909 in Hellerau bei Dresden erstmals die städtebaulich neue Idee einer Gartenstadt.

abgetragen und durch eine neue Brücke ersetzt. Mit einer Spannweite von 141,5 Metern wurde zwischen 1891 und 1893 eine eiserne Hängebrücke zwischen Blasewitz und Loschwitz gebaut, das «Blaue Wunder». Zuletzt mußte für die Schiffahrt auf der Elbe die barocke Augustusbrücke abgerissen und 1907 bis 1910 durch einen Neubau ersetzt werden. Der Architekt Wilhelm Kreis entwarf sie in der Form der Pöppelmannschen Brücke, jedoch mit breiteren Bogen.

Die Wachstumsjahre der Gründerzeit brachten einschneidende Veränderungen in der baulichen Struktur des Altstadtkerns. Während die Altstadt nördlich der 1885 bis 1888 durchgebrochenen König-Johann-Straße in ihrer barocken Bausubstanz unverändert blieb, führte die Intensivierung der Geschäftsnutzung südlich davon, besonders am Altmarkt, zu vielen Neubauten. Zur eleganten Geschäftsstraße entwickelte sich die Prager Straße, erst 1851 als relativ schmale Verbindung des Stadtkerns mit dem Böhmischen Bahnhof angelegt. Einer der vielen noch erhaltenen öffentlichen Bauten aus dieser Zeit ist der Prachtbau des Amtsgerichts hinter dem Sachsenplatz von dem Architekten Arwed Roßbach, ein anderer das Polizeipräsidium am Rande der ehemaligen Altstadt. Der vornehme Neurenaissancestil der Semperschule wurde am Jahrhundertende zuerst im Geschäftshausbau von einem üppigen Neubarock verdrängt. Der sogenannte Kaiserpalast von 1895 am Pirnaischen Platz war das aufwendigste Exemplar. Als mit dem Neubau für die Kunstakademie und den Kunstverein auf der Brühlschen Terrasse der Neubarock auch in den öffentlichen Repräsentationsbau Eingang fand, erregte dies viel Kritik. Das nach dem Entwurf von Konstantin Lipsius, Professor auf dem einstigen Lehrstuhl Gottfried Sempers an der Akademie, 1885 bis 1894 errichtete, von der als «Zitronenpresse» verspotteten, gefalteten Glaskuppel bekrönte, prunkvolle Gebäude wurde als überladen und geschmacklos verdammt, wie auch die beiden Ministeriumsbauten am gegenüberliegenden Neustädter Ufer, die von 1892 bis 1894 und 1900 bis 1904 entstanden, die wir heute alle als wertvolle Zeugen des einstigen Glanzes von Dresden empfinden.

Die Hellerauer Gartenstadt mit ihren genossenschaftlich verwalteten Einfamilienhäusern im Grünen sollte den Bewohnern Naturnähe und Unabhängigkeit von Bauspekulationen bieten.

1901 bis 1907 wurde das neue Landtagsgebäude von Paul Wallot, Nachfolger von Lipsius an der Akademie, errichtet. Die exponierte Lage am Brückenkopf vor dem Schloß und der Hofkirche gegenüber erforderte eine besondere Sensibilität. Wallot schuf einen Bau, der, den römischen Formen der Hofkirche verwandt, mit seinem klaren und einfachen Aufbau und sparsamen, aber großen dekorativen Elementen jedoch eine selbstbewußte Monumentalität ausstrahlt, die der bewegteren, zierlicheren Hofkirche ein würdiges Gegenüber bietet. Der Turm fügte der Elbsilhouette einen neuen, zurückhaltenden Akzent hinzu. Zusammen mit dem 1890 bis 1901 in kräftigen Renaissanceformen neugebauten Georgentor sowie der mit Bronze verkleideten neubarocken Brücke zwischen Schloß und Hofkirche wurde damit am Brückenkopf der Elbe ein großartiges Architekturensemble des späten Historismus vollendet.

Der Theaterplatz hat erst mit dem Bau des sogenannten Italienischen Dörfchens 1911 bis 1913 seine endgültige architektonische Fassung erhalten. Seinen Namen bezog das Restaurant von dem Dörfchen der italienischen Handwerker, die einst beim Bau der Hofkirche hier wohnten. Die darauf folgende eher gestaltlose, zufällige Bebauung ersetzte der Stadtbaurat Hugo Erlwein durch einen niedrigen, ruhig-noblen Bau im Typus eines Parkpavillons des 18. Jahrhunderts, dessen freie Plazierung über der Ufermauer einen Gedanken des Semperschen Forumsplanes aufnahm. Bis 1945 stand zwischen Opernhaus und dem Italienischen Dörfchen noch der flachgeknickte Dreiflügelbau des Hotels Bellevue.

Um 1900 war Dresden zu einem Zentrum künstlerischer und kultureller Reformbestrebungen geworden. Sie manifestierten sich in den großen Kunstgewerbeausstellungen, dem ersten deutschen Kongreß für Denkmalpflege, der 1900 in Dresden stattfand, oder in der Edition der Zeitschrift «Kunstwart» durch Ferdinand Avenarius und seiner Gründung des Dürerbundes, nicht zuletzt aber in der Gründung der Dresdener Werkstätten und der Dalcroze-Schule für den künstlerischen Tanz in Hellerau. Das anschaulichste Dokument ist die Gartenstadt Hellerau selbst. 1907 von Karl Schmidt, dem Begründer der «Deutschen Werkstätten für Handwerkskunst», begonnen, stellt sie die erste Anlage in Deutschland im Sinne der in England entstandenen Gartenstadtidee dar, einem aus der Kritik an der Großstadt entstandenen lebens- und sozialreformerischen Konzept der Rückkehr zur Scholle, eines Lebens im eigenen kleinen Haus in dörflich-ruhiger Harmonie. Hellerau, nach dem städtebaulichen Entwurf des Münchner Malers und Architekten Richard Riemerschmid von ihm selbst und den Architekten Hermann Muthesius und Heinrich Tessenow bis in die zwanziger Jahre gebaut, besteht aus Reihenhäusern und Einfamilienhäusern dörflich-romantischen Charakters. Ursprünglich nur für die Arbeiter der Deutschen Werkstätten gedacht, wurde Hellerau bald auch von mittelständischen Familien, aber auch von Künstlern bewohnt. 1910 bis 1912 baute Heinrich Tessenow das Festspielhaus Hellerau für die Tanzschule in schlichten, würdigen Formen. 45 Jahre für das sowjetische Militär beschlagnahmt, soll es jetzt als Spielstätte wiederbelebt werden.

Die Architektur der Jahre zwischen 1900 und dem Ersten Weltkrieg hat in Dresden bedeutende Werke geschaffen. Zwei der herausragendsten Beispiele der Bemühungen, der Architektur neue Ausdrucksformen zu geben, ohne radikal mit der Tradition zu brechen, sind das Krematorium auf dem Friedhof in Tolkewitz – von Fritz Schumacher 1909 bis 1911 – und die Christuskirche in Strehlen, 1905 bis 1907 von den Architekten Schilling und Gräbner erbaut. Die Christuskirche ist glimpflich davongekommen, damit hat sich ein prägnantes Beispiel der evangelischen Kirchenbaureform und des vom Barock abgeleiteten Jugendstils erhalten.

Das letzte große Bauunternehmen vor dem Ersten Weltkrieg war das Neue Rathaus, für die gewachsene Verwaltung aber auch Ausdruck des neuen politischen und kulturellen Selbstbewußtseins der bürgerlichen Stadtgemeinde. In einem Wettbewerb entschied man sich für den Entwurf des jungen Architekten Karl Roth, weil er mit seinen barocken Formen an die Dresdner Bautradition anknüpfte. Dresden hatte sich jetzt als «Barockstadt» entdeckt. Kühn war es, dem Rathaus einen Turm zu geben, der mit seiner alles überragenden Höhe in die geheiligte Silhouette des Elbpanoramas eintrat, doch die Kühnheit gelang: Der Dresdner Rathausturm ist eine der schönsten Turmlösungen der Architektur am Ende des Historismus. Er fügt sich einfühlsam und doch selbstbewußt in die Stadtsilhouette ein und ist heute aus dem Stadtbild nicht mehr wegzudenken.

Der Rathausturm hat die Zerstörung der Stadt überstanden; das beschädigte Rathaus selbst wurde beim Wiederaufbau in klobiger Weise vereinfacht.

Zerstörung und Wiederaufbau

Während des Zweiten Weltkrieges blieb Dresden fast bis zum Ende als einzige deutsche Großstadt unversehrt. Alle möglichen Legenden versuchten, dieses Wunder zu begründen: Dresden solle als schönste Stadt verschont bleiben, es sei von den Kriegsgegnern als zukünftige deutsche Hauptstadt ausersehen. Doch in der Nacht vom 13. zum 14. Februar wurde auf die Stadt an der Elbe der schwerste Angriff des ganzen Krieges geflogen und hinterließ ein Ruinenfeld von 27 Quadratkilometern Fläche und eine niemals genau festgestellte Zahl von Toten.

Die neue Stadt, wie sie sich heute darstellt, ist weitgehend eine andere Stadt. Nur wenige erhaltene, wiederaufgebaute oder noch ruinöse Baudenkmäler erinnern an Dresden, wie es vorher war. Die heutige Stadt ist das Ergebnis eines langen, widersprüchlichen Prozesses immer wieder wechselnder, oft genug verfehlter Planungen und deren meist nur fragmentarischer Ausführung. Man sagt, Dresden sei durch den Wiederaufbau zum zweiten Male zerstört worden. Nach 1945 wäre es zu retten gewesen. So viel auch vernichtet war, es war noch genug an nur beschädigten Bauten und wiederaufbaufähigen Ruinen geblieben, um die bedeutenden und stadtbildprägenden Bauten wiederherstellen, um den Grundriß erhalten, um der Stadt, in ihrem historischen Kern, in ihren zentralen Bereichen und in den Wohngebieten ihre städtebauliche Struktur, ihre räumlichen

Fortsetzung Seite 59

Als nachträglich ein Glockenspiel aus Meißener Porzellan in den östlichen Pavillon des Zwingers eingebaut wurde, erhielt er den Namen Glockenspielpavillon.

Folgende Doppelseite: Porzellan war eine seiner Sammelleidenschaften: August der Starke legte den Grundstock für die Kollektion im Jahr 1717.

Zu den seltensten und wertvollsten Stücken der Porzellansammlung im Zwinger zählen die Großfiguren aus der Blütezeit der Meißener Manufaktur. Johann Joachim Kändler, Johann Christian Kirchner und andere Meißener Porzellanmodelleure waren Vorbilder für die Entwicklung der Porzellanplastik in ganz Europa.

Nicht nur das Porzellan seiner sächsischen Manufaktur Meißen sammelte August der Starke, sondern auch chinesische Keramik vom 2. Jahrhundert v. Chr. bis zur Mingdynastie (17. Jahrhundert) und asiatisches Porzellan. Im Zwinger ist die größte und wertvollste Sammlung von Arbeiten Böttgers, dem Erfinder des europäischen Hartporzellans, zu bewundern.

Folgende Doppelseite: Weltweit beachtet, feierte Dresden die Wiedereröffnung der Semperoper am 13. Februar 1985, genau vierzig Jahre nach ihrer Zerstörung.

Auch das prachtvolle Innere, das Semper der italienischen Hochrenaissance nachempfand, ist detailgetreu wiedererstanden. Selbst die berühmte Akustik des originalen Semperbaus wurde bei der Rekonstruktion wieder erreicht.

Einem besonderen Glücksfall verdanken wir die so beeindruckende Originaltreue bei der Rekonstruktion des Inneren: die Entwürfe der Innenausmalung überstanden den Krieg. Sie waren von Semper, der auch die gesamte Innenausstattung entworfen hatte, selbst angefertigt worden.

Moderne Bühnentechnik fordert oft Zugeständnisse bei der historischen Rekonstruktion eines Opernhauses. In der Semperoper jedoch sind diese Probleme sehr elegant gelöst: Die Technik ist in drei Anbauten hinter der Oper ausgelagert.

Nicht zuletzt auf diesem Gemälde beruht die weltweite Berühmtheit der Gemäldegalerie Alte Meister: die Sixtinische Madonna von Raffael (Entstehungszeit 1512–1513).

Gemälde der deutschen Romantiker stellen einen Höhepunkt der Gemäldegalerie Neue Meister im Albertinum dar. Im Bild «Das Kreuz im Gebirge» von Caspar David Friedrich.

Den Grundstock der Sammlung Neue Meister legten gezielte Ankäufe deutscher Kunst im vorigen Jahrhundert. Um 1900 begann man dann, das Spektrum auf zeitgenössische europäische Kunst zu erweitern. Unwiederbringliche Verluste erlitt die Gemäldegalerie Neue Meister im Dritten Reich. Zahlreiche Gemälde des Kubismus und des deutschen Expressionismus wurden als «entartete Kunst» gebrandmarkt und ins Ausland verkauft.

Folgende Doppelseite: Zu ihrer Zeit die erste Antikensammlung außerhalb Italiens: die Skulpturensammlung im Albertinum. Sie geht zurück auf Friedrich August II.

Seit der Zerstörung des Schlosses sind die Schätze des Grünen Gewölbes im Albertinum untergebracht. Diese Preziosensammlung ist einmalig auf der Welt. Begründet von August dem Starken, wurde sie bereits 1730 als erstes Museum dieser Art der Öffentlichkeit zugänglich gemacht.

Zu den schönsten Stücken des Grünen Gewölbes – nur die Hälfte der Sammlung kann überhaupt gezeigt werden – gehören Arbeiten der berühmten Schule der Dresdner Juweliere. Die Phantasie, mit der im ausgehenden Barock Trink- und Schmuckgefäße, Spiegel und Uhren gestaltet wurden, ist für den heutigen Betrachter nahezu überwältigend.

Die Sammlung des Grünen Gewölbes ist unvorstellbar wertvoll. Das teuerste Stück der Kollektion kostete mehr als der Rohbau von Schloß Moritzburg: der «Hofstaat von Delhi am Geburtstag des Großmoguls Aureng Zeb». Der eigentliche Reiz der Sammlung besteht jedoch in ihrer hohen künstlerischen Qualität.

Der Wiederaufbau des Residenzschlosses wird nicht vor dem Jahr 2000 abgeschlossen sein. In Etappen sollen die fertiggestellten Bauabschnitte der Öffentlichkeit übergeben werden. Im Bild das teilweise erhalten gebliebene, teilweise rekonstruierte Runde Kabinett im nordwestlichen Eckturm.

Proportionen und ihren Baucharakter bewahren zu können. Auf dem Gebiet der Altstadt wenigstens ließ man die Ruinen der wichtigsten Baudenkmäler stehen. Daß in Dresden nicht alles zerstört wurde, ist nicht zum wenigsten das Verdienst des unerschrockenen Denkmalpflegers der Nachkriegsjahre, Hans Nadler.

Doch die neue kommunistische Führung hatte den Ehrgeiz, an die Stelle der alten Stadt des Feudalismus und des Kapitalismus eine neue Stadt des Sozialismus zu bauen. Es begann ein jahrelanges quälendes Hin und Her von Planungen, die immer wieder umgestoßen, heftig kritisiert, von den Behörden dann durchgesetzt, doch entweder gar nicht oder nur teilweise ausgeführt wurden.

Immer wieder stand in Dresden die Frage der Bewahrung und Wiederherstellung des historischen Charakters der Altstadt im Mittelpunkt der Auseinandersetzungen. Die Aufgabe, einen Generalbebauungsplan zu erstellen, schob man bis 1967 unschlüssig vor sich her. 1952 kam der Befehl aus Ost-Berlin, nach den von der Regierung erlassenen Direktiven auf dem Gebiet der Altstadt ein «sozialistisches Stadtzentrum» mit einem großen «Demonstrations- und Festplatz», einer «Magistrale» und einem Turmhaus nach Moskauer Vorbild zu bauen.

Das Turmhaus, das alle anderen Türme Dresdens überragt und das Elbpanorama dominiert hätte, wurde erbittert bekämpft und schließlich nicht gebaut; an seiner Stelle steht jetzt der Flachbau des Kulturpalastes. Doch mit dem Ausbau des vergrößerten Altmarkts und der Magistrale war der entscheidende erste Schritt gegen einen Aufbau Dresdens unter Respektierung der alten Stadtstruktur getan. Die definitive Weichenstellung geschah aber erst 1962.

Inzwischen waren nach sowjetischem Vorbild auch in der DDR Städtebau und Architektur auf völlig neue Grundlagen gestellt worden nach dem Motto: besser, schneller und billiger bauen. Die Prinzipien waren: Vorrang für Industrie- und Wohnungsbau, Anwendung industrieller Baumethoden, großzügige Verkehrserschließung. Man bediente sich jetzt städtebaulicher und architektonischer Modelle – Hochhaus, Zeilen- und Solitärbau, genau die, die im Westen gerade unter Kritik geraten waren – und der Technik der Elementbauweise aus genormten Großplatten. Die Stadtteile Prohlis, Gorbitz und die Anlage auf der Räcknitzhöhe sind die abschreckenden Beispiele.

1965 begann man mit dem Bau der neuen Prager Straße, wo gleichförmige Hochhausblocks zu beiden Seiten einer breiten Fußgängerzone errichtet wurden. 1967 wurde endlich der Generalbebauungsplan verabschiedet. Sein wichtigstes Ergebnis für die Innenstadt war die Anlage eines Systems von überbreiten, mehrspurigen Verkehrsstraßen, die den alten Stadtgrundriß ignorierten und das Zentrum zu raumloser Weite, in der zusammenhanglos einzelne Baublöcke stehen, aufrissen. Seit den siebziger Jahren versuchte man dann, das leere Stadtzentrum mit überdimensioniertem Großwohnungsbau in genormter Plattenbauweise der in der ganzen DDR verwendeten Typenserie «WBS 70» aufzufüllen – bis 1989.

Dieses neue, unfertige Dresden hinterläßt städtebauliche und architektonische Fakten, an die man jetzt nolens-volens anknüpfen muß. Die Vergrößerung des Altmarkts läßt sich nicht mehr rückgängig machen, ohne die Architektur der fünfziger Jahre, die noch zum Besten gehört, was nach dem Krieg hier gebaut wurde, zu zerstören. An die Stelle der überbreiten «Magistrale» wird jedoch eine bessere Lösung treten müssen, schon um in der Umgebung der wiederaufzubauenden Frauenkirche ein Stück des historischen Raumgefüges wiederherstellen zu können.

Alles in allem muß Dresden städtebaulich und architektonisch neu konzipiert werden. Man muß dabei vor allem darauf achten, die Offenheit, Lockerheit und Durchgrünung als wichtigste städtebauliche Qualität zu bewahren. Und man muß gute Architektur schaffen, um Dresden möglichst viel von seiner alten Noblesse, wenn auch mit modernen Formen, zurückzugeben. Diese Stadt, die trotz ihres schrecklichen Schicksals noch immer einen solchen Reichtum an Schönheit und Kultur hat, muß wieder eine besondere Stadt werden. Dabei zu helfen, ist eine Aufgabe für ganz Deutschland.

Eberhard Stimmel

Feinstes aus Gold, Glas, Porzellan und Zinn

Handwerk und Manufakturen Dresdens

Häufig in der Geschichte treffen mehrere günstige Voraussetzungen zusammen, um Entwicklungen einzuleiten, die zu Höchstleistungen auf verschiedenen Gebieten führen. Für die Herausbildung eines umfassenden Kunsthandwerks in Dresden stößt man, wenn man in der Historie blättert, ebenfalls auf mehrere dieser «Zufälligkeiten», die dann folgerichtig die Stadt Dresden zur Kunst- und Kulturstadt werden ließen.

Das unbedeutende mittelalterliche und als Handelsstadt im Schatten der Nachbarstadt Pirna stehende Dresden wurde 1485 Residenz der albertinischen Wettiner. Kurz vorher waren die Handwerker durch eine neue Ratsordnung ratsfähig geworden.

Größere Bedeutung gewann Dresden im 16. Jahrhundert durch den Ausbau der Festungsanlagen, den Erwerb von Grundbesitz aus dem säkularisierten Kloster Altzelle und die Erhebung zur Hauptstadt des Kurfürstentums Sachsen 1547. In der Folge wuchs nicht nur die Einwohnerschaft stetig an, es kam auch zur völligen Veränderung der sozialen Struktur der Bevölkerung: Neben zivilen und militärischen Verwaltungsbeamten kamen Spezialhandwerker nach Dresden.

Kurfürst Moritz vereinigte die rechtselbige Stadt Altendresden mit der linkselbigen Stadt. Daraus ergab sich, daß auch die Zünfte der Handwerker zusammengeschlossen und ihre Zunftordnungen neu gestaltet werden mußten. Gab es vor dieser Zeit nur die traditionellen Zünfte des Nahrungsgewerbes (Bäcker, Müller, Fleischer) und des Bekleidungsgewerbes (Tuchmacher, Schuhmacher, Schneider, Kürschner, Leineweber), so entstanden seit der Mitte des 16. Jahrhunderts kurz aufeinanderfolgend eine Reihe von neuen Zünften, beispielsweise die Goldschmiede (1542), Schlosser (1545), Töpfer (1547), Wagner und Stellmacher (1550), Steinmetzen (1555), Gürtler (1561), Buchbinder (1564), Barettmacher (1567), Kannengießer (1570), um nur einige zu nennen.

Die nach niederländischem Vorbild befestigte Stadt mit dem 1530 bzw. 1548 erweiterten Residenzschloß und den vielen prächtigen höfischen und bürgerlichen Renaissancebauten war bis zum Ende des 16. Jahrhunderts zu einer bedeutenden deutschen Residenz geworden. Die Hoffeste dieser Zeit wie Turniere, Kampfspiele, Tierhetzen wurden mit großem Aufwand von Künstlern und Handwerkern aller Gattungen ausgestaltet, wobei die Oberaufsicht den Hofarchitekten übertragen wurde. Süddeutsche und italienische Künstler und Handwerker wurden nach Dresden gerufen, wo sie nicht nur in eigenen Werken nachgewiesen sind, sondern auch einen nachhaltigen Einfluß auf die einheimischen Meister ausübten.

Man kann von einem ersten Höhepunkt der Kunst und Kultur in Dresden sprechen, der nicht nur in der Architektur, Plastik, Malerei und Musik zum Ausdruck kam, sondern sich auch im Kunsthandwerk widerspiegelte. Besonders im Vordergrund stand dabei immer das Handwerk der Gold- und Silberschmiede.

Von den Goldschmiedearbeiten, die an den Hof geliefert wurden, sind zahlreiche prachtvolle Kelche, Kannen, Humpen und Pokale erhalten, bei denen teilweise einheimisches Material wie Serpentin verwendet wurde. Besonders erwähnenswert sind ein Schmuckschrank von Han Kellerthaler (1585) in Silber, Trinkgefäße von Valentin Geitner (um 1590) und Bildnisanhänger von Tobias Wolff (Ende des 16. Jahrhunderts), die sich heute alle im Grünen Gewölbe in Dresden befinden.

Während im Grünen Gewölbe Objekte aus dem königlichen Besitz ausgestellt sind, versammelt das Museum für Kunsthandwerk Gegenstände adeliger oder bürgerlicher Herkunft, wie diese beiden Zinnkrüge: links eine Annaberger Kanne von Heinrich Jobin aus der Zeit um 1643; rechts ein Bierkrug des Dresdner Zinngießers Karl Groß (um 1900).

Doch auch andere Metallhandwerkskünstler haben sich in der Zeit hervorgetan. Von den Werken der Zinngießer haben sich aus dieser Zeit vor allem Relief- und Zunftkrüge erhalten. Zu den herausragenden Leistungen des in Dresden nicht minder bedeutenden Buchbinderhandwerks zählen als besonders bemerkenswerte Stücke die Prachteinbände des kurfürstlichen Hofbuchbinders Jakob Krause (gestorben 1585) und seines Schülers Caspar Meuser (gestorben 1593), die heute zu den Schätzen des Buchmuseums der Sächsischen Landesbibliothek gehören.

Ein weiter Zweig des Metallhandwerks war die Anfertigung von Waffen und Harnischen. Das Historische Museum in Dresden zeigt heute eine Reihe von Handfeuerwaffen von Dresdner Büchsenmachern und Harnische, Stichwaffen und Prunkgewänder, die ebenfalls aus Dresdner Werkstätten stammen.

Zahlreiche dieser für den Hof gelieferten handwerklichen Spitzenerzeugnisse fanden Einzug in die Kunstkammer, die von Kurfürst August wahrscheinlich im Jahre 1560 begründet worden war und anfangs fünf Zimmer des Residenzschlosses über den kurfürstlichen Wohnräumen ausfüllte. Neben Raritäten aus fernen Erdteilen, Mineralien, Gemälden, Kleinplastiken und sogenannten «Kunstkammerstücken» sind im ersten Inventar der Kunstkammer 1587 viele Werkzeuge und feinmechanische Instrumente aufgeführt. Die in Dresden hergestellten Geräte standen hinsichtlich ihrer Präzision und ihres Entwicklungsstands in einem besonders guten Ruf. Aus der Kunstkammer gingen im 18. Jahrhundert die berühmten Dresdner Museen hervor, von den heutigen Staatlichen Kunstsammlungen mit ihren Teilmuseen bis hin zu den wissenschaftlichen Museen.

Der Dreißigjährige Krieg beendete diese erste große Epoche in der Kunstgeschichte Dresdens. Die Stadt blieb zwar von Plünderungen oder Beschießung feindlicher Truppen verschont, aber Hunger und Pest dezimierten die Bevölkerung. Wirtschaft und Handwerk wurden zugrunde gerichtet, und es dauerte Jahrzehnte, bis sich die Residenzstadt von den Folgen des Krieges erholen konnte.

Oben links: Johann Friedrich Böttger (1682–1719) führt 1710 August dem Starken das weiße Porzellan vor. Oben rechts: Georg Friedrich Dinglinger schuf dieses Emailgemälde «Bären in Felslandschaft» um 1714. Untere Reihe: In den Manufakturen von Meißen und Dresden entstanden die bemerkenswertesten Objekte aus Porzellan oder Böttger-Steinzeug. Etwa die Terrine aus dem 2000 Teile umfassenden Schwanenservice (ganz rechts) Kändlers (1706–1775), von dem auch der Harlekin (links) stammt, für den Grafen Brühl.

Die merkantilistisch ausgerichtete Wirtschaftspolitik des Hofes führte im zweiten Drittel des 17. Jahrhunderts zu Manufakturgründungen, vor allem in der 1670 begründeten Vorstadt Friedrichstadt. So entstanden hier eine Salpeterhütte und eine Wachsbleiche.

Einen zweiten Höhepunkt in der Kunstentwicklung erreichte Dresden in der Regierungszeit der Kurfürsten Friedrich August I., genannt der Starke (1694–1733), und seines Sohnes Friedrich August II. (1733–1763). Das augusteische Zeitalter spiegelt sich vor allem in der Festkultur des Hofes wider, wurden doch die Hoffeste dieser Zeit als die glanzvollsten in Europa gerühmt. Künstler und Handwerker aller Gattungen wurden für die Ausgestaltung herangezogen. Viele Objekte, die wir heute in den Dresdner Museen bestaunen können, waren zweckbestimmt für eine Feierlichkeit des Hofes gearbeitet worden.

Umgekehrt sind die künstlerische Darstellung der Festlichkeiten wiederum in Kupferstichfolgen oder auf Medaillen festgehalten worden und dienen uns heute als

Seit dem augusteischen Zeitalter war Dresden auch ein Zentrum der Glaskunst. Ob aus Bergkristall oder Rubinglas, die Handwerksmeister verstanden es im ausgehenden 16. und im 17. Jahrhundert, Kristallpokale und -flaschen mit vergoldeten Silberfassungen und -montierungen und Edelsteinen zu einzigartigen Prunkgefäßen zu gestalten. Viele dieser Prachtgefäße sind im Grünen Gewölbe zu bewundern.

Dokumentationen der politischen, wirtschaftlichen und kulturellen Verhältnisse dieser Zeitepoche.

Dresden wandelte sich in dieser Epoche von der Renaissance- zur Barockstadt, was sich besonders in den höfischen, adeligen und bürgerlichen Bauten widerspiegelt. Das Kunsthandwerk erlebte eine neue Blüte durch den Zuzug vieler Meister aus anderen deutschen Ländern und dem Ausland. So schuf der aus Biberach am Riß stammende Johann Melchior Dinglinger (1664–1731) mit seinen Brüdern den «Hofstaat des Großmoguls» und das «Goldene Kaffeeservice», einmalige Werke der besonders bedeutenden Goldschmiedekunst, die wir heute im Grünen Gewölbe bewundern können.

Zur Ausstattung der vielen neu entstandenen Bauten gehörten auch prunkvoll gestaltete Möbel. Die Hoftischler Peter Hoese und Johann Christoph Schwartze und die Dresdner Meister aus der Innung der Stadt, Johann Gottfried Heinrich Grahl und Johann Gottfried Leuchte, haben hervorragende Kabinett- und Schreibschränke mit Einlegearbeiten oder Schnitzwerk geschaffen.

Dresdener Werkstätten
für
Handwerkskunst.
12.6.1901.

DRESDENER
WERKSTÆTTEN FÜR
HANDWERKS=KUNST
SCHMIDT & MÜLLER
DRESDEN=
STRIESEN
BÄRENSTEINER
STRASSE No 5
FABRIK-MARKE

DRITTE DEUTSCHE
KUNST-GEWERBE-
AUSSTELLUNG
DRESDEN
MAI-OKT.
1906

Linke Seite: Das Kunsthandwerk in Dresden erlebte im beginnenden 20. Jahrhundert noch einmal eine Blütezeit. Die Belegschaft der 1898 entstandenen Werkstätten für Handwerkskunst, Fotografie von 1901 (oben).

Unten: Wie das Barock war auch der Jugendstil beseelt von der Idee des Gesamtkunstwerks. Deshalb kam dem Handwerk in dieser Epoche eine ebenso große Bedeutung zu wie den «hohen Künsten». Selbst Gegenstände wie Visitenkarten oder Plakate mußten diesem Anspruch genügen.

Der Goldschmied Johann Jakob Irminger (1635–1724) lieferte Vorlagen für die Gestaltung des ersten europäischen Hartporzellans, welches Ehrenfried Walter von Tschirnhaus (1651–1708) und Johann Friedrich Böttger (1685–1719) in ihrem Labor in der Jungfernbastei der Festungswerke entdeckt hatten, obwohl sie Gold herstellen sollten. Die 1710 begründete Porzellanmanufaktur Meißen geht also auf den Ursprung des Porzellans in Dresden zurück. Die Entstehung vieler Manufakturen in dieser Zeit erklärt sich vor allem durch das kurfürstliche Dekret vom 20.11.1707, mit dem die Wirtschaft, die durch den Nordischen Krieg darniederlag, durch Gründung von Manufakturen angekurbelt werden sollte.

Besonders wichtig für Dresdens Handwerk waren die Glasmanufakturen. Nach einem Vorschlag des Glasmachers Maximilian Fremel gründete August der Starke schon 1700 eine Glashütte «ohnweit Ostra» an der Weißeritz vor dem Wilsdruffer Tor in Dresden. Die Leitung wurde Tschirnhaus übertragen. Die technisch besonders gut ausgestattete Hütte besaß holzsparende Glasöfen und stellte anfangs vor allem Leuchter, Spiegel und feuerfeste Gefäße her, später fast nur noch Hohlgläser. Im Nordischen Krieg durch die Schweden und 1712 durch ein Hochwasser verwüstet, wurde die Hütte später verpachtet und ging dann im Siebenjährigen Krieg ein. Hauptabnehmer der produzierten Gläser waren der sächsische Hof und der sächsische Adel, von denen auch Form und Dekor der Gläser bestimmt wurden.

Aber auch andere Manufakturen gewannen zunehmend an Bedeutung. In unmittelbarer Nähe der Glashütte befand sich die Spiegelschleife, die aus einer von Tschirnhaus begründeten Edelsteinschleif- und -poliermühle hervorgegangen war. Aus dem Glas der in der Niederlausitz gelegenen Friedrichsthaler Hütte wurden in dieser Manufaktur Spiegel in guter Qualität für den Hof hergestellt. Später wurde die Hütte an Privatpersonen verpachtet und brannte während der Kriegsereignisse 1813 ab.

Außer den Glas- und Spiegelmanufakturen spielten jedoch auch die berühmten Dresdner Fayencen eine Rolle. Die Dresdner Fayencenmanufaktur wurde als «Backerey von holländischen Platten und Gefäßen» 1708 oder kurz vorher auf Betreiben von Tschirnhaus durch Böttger eingerichtet und befand sich in der heutigen Neustadt. Es wurden «blau und weiße Plattgens nach Art des Delffter Guths», aber auch «Auffsätze» (Vasen) hergestellt. Hauptabnehmer war auch hier der Dresdner Hof, beispielsweise für die Hofapotheke. 1710 übernahm Peter Eggebrecht (gestorben 1738) die Leitung, später als Pächter und zuletzt als Eigentümer. Nach seinem Tode führte seine Witwe den Betrieb weiter, später seine Kinder. 1768 gelangte die Werkstatt in fremde Hände und wurde 1784 geschlossen. Zuletzt produzierte man Maßkrüge und «Marktware von einfachster Art». Sicher hat auch das Steingut, das immer mehr Verbreitung fand, zum Untergang der Manufaktur beigetragen.

Die «Augusteische» Epoche ging mit dem Siebenjährigen Krieg zu Ende. Das Bombardement der Preußen auf Dresden im Jahre 1760 hatte den Niedergang eingeleitet. Die Bevölkerung war zusammengeschmolzen und verarmt. In den folgenden Zeiten hatten die Künste und das künstlerische Handwerk keine solche Priorität mehr.

Das heißt aber nicht, daß Dresden in künstlerische Bedeutungslosigkeit versank. Nach den Zünften und Manufakturen als Voraussetzungen handwerklicher Blütezeiten entstanden nun neue Quellen für künstlerische Produktivität.

Aus der seit 1680 bzw. 1697 in loser Form bestehenden «Zeichenschule» entwickelte sich 1764 die von Christian Ludwig von Hagedorn (1712–1780) konzipierte Kunstakademie. Hervorragende Künstler wie Anton Graff (1736–1813) und Adrian Zingg (1734–1816) wurden zu ersten Lehrern berufen.

Von da an war eine Grundlage geschaffen für künstlerische Weiterentwicklung bis hin zur heute bestehenden Kunstakademie. Mit ihren berühmten Lehrern wie Semper, Rietschel, Schilling, um nur einige der klangvollsten Namen zu nennen, war sie immer wieder der Mittelpunkt des Dresdner Kunstlebens. Viele bedeutende Künstler gingen aus ihr hervor.

Harald Marx

Die Maler, die Galerie und die Bilder

«Ich habe, damit ich es ja nicht vergesse, vorgestern das Verzeichnis der Churfürstl. Gallerie erhalten ... Welch einen Schatz enthält diese Sammlung! und wie ich in der Vorrede finde, ist doch nicht alles bezeichnet ... Hier geht mir ein Wunsch durch den Kopf: ich möchte nur noch sehen, was die sächsische Schule für einen Schwung und Charakter gewinnen wird.» So kommentierte Johann Georg Wille von Paris aus den ersten gedruckten Katalog der Dresdner Gemäldegalerie in einem Brief vom 25. Januar 1765 an Christian Ludwig von Hagedorn, den sächsischen Generaldirektor der Sammlungen und der Kunstakademie. Er sprach damit aus, was Hagedorn selbst für die Malerei in Dresden erhoffte: daß die lebendige Kunstausübung in der Elbestadt aus den Werken der Gemäldegalerie Anregungen schöpfen und Maßstäbe gewinnen könnte.

Der schnelle, dabei wohldurchdachte Ausbau der Sammlungen in der ersten Hälfte des 18. Jahrhunderts, den Maler und Kenner als Berater sachkundig unterstützten und förderten, hatte tatsächlich eine inspirierende Wirkung auf die schaffenden Künstler. Erworben wurden im augusteischen Dresden Gemälde vergangener Epochen und der zeitgenössischen Gegenwart, die dem höfischen Geschmack der Zeit gemäß waren – in Geschmacksfragen war die höfische Aristokratie damals konkurrenzlos tonangebend.

Der anregende Einfluß dieser Sammlung ist im Hinblick auf einen einzelnen Künstler, Anton Raphael Mengs, 1786 so formuliert worden: «Die königlichen Wohltaten, der freie Zutritt und die Gelegenheit, die Meisterstücke der Dresdner Kunstsammlung zu studieren, erweckten bei dem jungen Maler die Liebe zur Kunst und bildeten erst seinen Geschmack. Ein jeder, welcher die Schätze dieser Residenzstadt zu sehen und zu studieren das Glück gehabt hat, wird nicht im geringsten an dieser Wahrheit zweifeln.»

Die Dresdner Gemäldegalerie war als Schöpfung königlicher Repräsentation und persönlichen Kunstsinnes in der ersten Hälfte des 18. Jahrhunderts entstanden. Geprägt durch den Geschmack Augusts des Starken und mehr noch durch die Erwerbungen Augusts III., gehört sie zu den wichtigsten kulturellen Leistungen der augusteischen Epoche in Sachsen. Meisterwerke der italienischen Renaissance und des italienischen 17. Jahrhunderts, holländische und flämische Gemälde des Barocks, darunter eine Vielzahl von Bildern sogenannter Kleinmeister, aber auch erlesene Werke von Nicolas Poussin und Claude Lorrain bestimmen den Charakter und die Qualität der Sammlung. Als große Vertreter deutscher Kunst der Vergangenheit wurden Dürer, Cranach und Holbein verehrt und gesammelt.

Weniger stark vertreten waren Werke des 18. Jahrhunderts, obwohl zeitgenössische Kunst nie ausgeklammert wurde. Francesco Graf Algarotti, der ab 1742 für einige Jahre als Berater und Vermittler von Bildankäufen in engen Beziehungen zum Dresdner Hof stand, hatte König August III. eine Denkschrift zum weiteren Ausbau der Dresdner Sammlungen überreicht, in der auf den Zusammenhang zwischen dem Sammeln «alter» Meister und der notwendigen Förderung von Gegenwartskunst hingewiesen wurde. Er schlug vor, eine Kollektion moderner Gemälde anzulegen, die durch Auftragswerke nach und nach entstehen sollte: «Ein solches Museum» mit Gemälden vergangener Epochen neben Gegenwartskunst hoher Qualität «würde ... die Herzen der Sachsen mehr als je für die Kunst begeistern.»

Der Maler und Illustrator Adrian Ludwig Richter (1803–1884) (oben) und der bedeutendste Maler der Romantik, Caspar David Friedrich (1774–1840) (unten). Der Bildnis- und Interieurmaler Georg Friedrich Kersting (1785–1847) hielt 1811 den Maler Gerhard Kügelgen, Vater des Verfassers der «Jugenderinnerungen eines alten Mannes», in seinem Ölgemälde «Kügelgen am Schreibtisch» fest (rechts).

Dabei dachte Algarotti, dessen Anregungen durchaus nicht ohne Wirkung blieben in der Residenz der Wettiner, vor allem an Aufträge für ausländische Künstler, besonders an Italiener, denen der jeweiligen speziellen Begabung entsprechend die Aufträge zufallen sollten. Wo aber blieben die Werke der Dresdner Hofmaler des 17. und 18. Jahrhunderts? Eines Bretschneider, Finck oder Schiebling, eines Bottschild oder Fehling, eines Silvestre, Grone und Thiele, Kern, Dietrich oder Mengs, eines Torelli, Rotari und Bellotto? Die Dresdner Gemäldeverzeichnisse des 18. Jahrhunderts geben darüber Auskunft: «Galeriebilder», das waren zumeist solche «alter» Meister oder aber berühmter zeitgenössischer Ausländer. Die Werke der damaligen Dresdner «Gegenwartskunst» – oder der jüngsten Vergangenheit – befanden sich an unterschiedlichen Orten, in Repräsentations- und Wohnräumen des Residenzschlosses, in Dresdner Palaisbauten, in den Schlössern Pillnitz und Moritzburg. In die Sammlung der Galerie jedoch gelangte nur, was den großen Künstlern der Vergangenheit ebenbürtig schien.

«... nichts ist eines Herrschers würdiger, als seine Vergnügungen so zu wählen, daß dem Publikum vergönnt ist, davon auf angenehme Weise zu profitieren ... Wer eine Galerie als öffentliche Schule (école publique) bezeichnen wollte, hätte nicht unrecht, weil man dort an einem Ort, mit einem Blick lernen kann, was sonst in vielen Büchern aufgesucht werden müßte» (Zitat übersetzt). Wenn Carl Heinrich von Heinecken die Dresdner Galerie 1753 als «école publique» bezeichnen konnte, so setzte das voraus, daß sie –

Die Stadt, eingebettet in die sie umgebende Landschaft, war das zentrale Thema der Werke von Johann Alexander Thiele (1685–1752). Sein «Blick von den Lößnitzhöhen auf Dresden», gemalt 1751, schweift von den sanften Hügeln hinunter zur Stadt (Leinwand; 103 x 156 cm; NM).

wenigstens in dem für die Mitte des 18. Jahrhunderts möglichen Ausmaß – eine öffentliche, allgemein zugängliche Sammlung war.

In diesem Sinne hat sich auch Johann Joachim Winckelmann in seinen «Gedanken über die Nachahmung der griechischen Werke in der Malerei und Bildhauerkunst» ausgesprochen, es heißt: «Es ist ein ewiges Denkmal der Größe dieses Monarchen [Augusts III.], daß zur Bildung des guten Geschmacks die größten Schätze aus Italien, und was sonst vollkommenes in der Malerei in anderen Ländern hervorgebracht worden, vor den Augen aller Welt aufgestellet ist.» Winckelmann sprach damit die Neueinrichtung der Galerie im Stallgebäude 1745/46 an, mit der die Dresdner Bildersammlung diesen für damalige Zeit unerhört neuen, öffentlichen Charakter gewann.

Das Zeitalter des Barocks

Diesem Anspruch genügten in den Augen des Königs und seiner künstlerischen Berater nur wenige der damals in Sachsen lebenden Maler. So konstatieren wir in Dresden in der ersten Hälfte des 18. Jahrhunderts eine zuvor ungeahnte Blüte der Malerei, stellen aber gleichzeitig fest, daß es nur einer geringen Zahl von Künstlern gelang, Aufnahme in der berühmten Galerie zu finden. Louis de Silvestre, der mehr als dreißig Jahre lang, von 1716 bis 1748, in Dresden als «Premier Peintre du Roi» und Akademiedirektor gewirkt hatte und 1742, als Zeichen höchster Anerkennung, geadelt worden war, sah sich in der Galerie nur mit einem Werk vertreten (Nessus und Dejanira; Kriegsverlust). Von Bernardo Bellotto, dessen Dresden-Veduten heute zum kostbarsten Besitz der Galerie gehören, wurde ein einziges Bild, «Die Trümmer der ehemaligen Kreuzkirche», als Nachtrag in den Katalog von 1765 aufgenommen. Weitere Werke befanden sich, dem Nachtrag zufolge, im Depot. Ein anderer Italiener, der seinerzeit eine große Rolle in Dresden spielte, Stefano Torelli, kam überhaupt nicht zu der Ehre, in der Galerie vertreten zu sein, während Pietro Graf Rotari mit drei Gemälden Aufnahme in die Sammlung fand, von

Alt- und Neustadt wurden verbunden durch die prächtige Augustusbrücke, wie Thieles Gemälde «Alt- und Neustadt mit Brücke» von 1746 zeigt (Öl/Leinwand; 104x153 cm; AM).

denen zwei religiösen Inhalts waren. Von Anton Raphael Mengs, dem weit über Sachsens Grenzen hinaus gefeierten Klassizisten und brillanten Maler, wurden schon früh zehn Pastelle in die besondere Pastell-Sammlung der Galerie aufgenommen.

Eine Ausnahme stellte Christian Wilhelm Ernst Dietrich dar. Seine virtuosen Gemälde fanden von Anfang an nicht nur hohe Wertschätzung, sondern auch in großer Zahl Aufnahme in die Galerie. Der mehrfach zitierte erste gedruckte Galeriekatalog von 1765 verzeichnete 31 Werke seiner Hand, darunter 14 Bilder religiöser Thematik. Dietrich knüpfte eklektisch an berühmte Vorbilder aus unterschiedlichen Ländern und Epochen an, imitierte virtuos große Meister der Vergangenheit und die galant-pastorale Malerei der Franzosen; ja, er versuchte die Vorbilder sogar zu übertreffen, durch Vermeidung ihrer «Fehler». Vielleicht war er, gerade weil man seine Bilder auf den ersten Blick für Werke «alter» Meister halten konnte, so gut in der Galerie vertreten.

Besonders geschätzte Werke konnten allerdings wegen ihrer künstlerischen Qualität im privaten Lebensbereich der königlichen Familie verbleiben. Der «Bethlehemitische Kindermord» von Anton Kern hingegen kam 1740 aus dem königlichen Schlafgemach in die Galerie.

Aufträge der Kirche, die in katholischen Ländern oft ein wesentlicher Faktor für die Künstler und die Kunst waren, spielten in Sachsen nur eine unwesentliche Rolle. Der Glaubensunterschied zwischen dem Hof und dem größten Teil der sächsischen Bevölkerung erlegte zumindest der katholischen Seite Zurückhaltung auf – und in lutherischen Kirchen fanden die Maler ohnehin nur ein begrenztes Arbeitsfeld.

Auch religiöse Malerei wurde im 18. Jahrhundert in Dresden zumeist vom Hof in Auftrag gegeben: Die Kapelle des Schlosses Hubertusburg mit dem überwältigend schönen Deckenbild von Giovanni Battista Grone, die malerische Dekoration in Kapellen der katholischen Hofkirche, ehemals mit Fresken von Charles Hutin (schon im 18. Jahrhundert zerstört), Franz Karl Palcko, Stefano Torelli und Franz Anton Maulbertsch (alles Kriegsverluste), das dortige Altarbild von Anton Raphael Mengs, die Gemälde in der im

Die intim-ländliche Idylle, die Rudolf Schuster (1848–1902) in seinem Bild «Bei Antons in Dresden» einfing, stand der barocken Hofmalerei in höchstem Maße entgegen. Nicht repräsentative Kunstwerke, sondern Momentaufnahmen aus dem bürgerlichen Leben waren in der zweiten Hälfte des 19. Jahrhunderts gefragt (Öl/Leinwand auf Pappe; 32 x 40 cm; Privatbesitz).

Krieg zerstörten Kapelle des Taschenbergpalais von Stefano Torelli und das (ebenfalls ein Kriegsverlust) Deckenbild in der Kapelle des Josephinenstiftes von Johann Benjamin Müller seien genannt.

Als Sachverständige und als Vermittler von Ankäufen, als Restauratoren und Inspektoren der Galerie waren Maler tätig. Christian Wilhelm Ernst Dietrich ist als Restaurator besonders zu erwähnen. Benedikt Kern, der Bruder von Anton Kern, zeichnete sich auf diesem Gebiet aus.

Die neue Kunstanschauung der Aufklärung

In der zweiten Hälfte des 18. Jahrhunderts wandelte sich – allgemeinen Veränderungen entsprechend – der Charakter der Malerei. An die Stelle der barock-dekorativen, an Hof und Repräsentation gebundenen Kunst trat nun das Bedürfnis nach bürgerlich-schlichter, «vernünftiger» Malerei. Ein Schlüsselbild für das Verständnis dieser neuen Zeit ist Schenaus «Kunstgespräch» in der Dresdner Galerie, ein Gemälde, das Gedanken der Aufklärung im Gewande des Zopfstils zur Anschauung bringt: Maler, Kenner und Mäzene unterhalten sich über Kunst, die man nicht mehr als glänzenden Rahmen barocken Lebens verstand, sondern die selbst zum Gegenstand geistiger Betrachtung wurde.

In der Porträtmalerei bezeugen die Gemälde von Anton Graff diesen Wandel, das neue Interesse am Menschen als Einheit von seelischer und äußerlich sichtbarer Individualität bei weitgehendem Verzicht auf dekoratives Beiwerk. Graff kam aus der Schweiz

Links: «Die Kreuzkirche in Dresden vor dem Brande» (Öl/Holz; 32 x 32,7 cm; MG) von Adolf Thamm (1859–1925) entstand ein Jahr vor dem Brand von 1897. Rechts: Die «Katholische Kirche vom Theaterplatz» hielt der Impressionist Gotthardt Kuehl (1850–1915) 1901 fest (Graphit, Kohle, farbige Kreide; 49,5 x 34 cm; MG).

«Hofkirche Dresden» (48,2 x 66 cm), 1955 entstandene Farblithographie von Otto Dix (1891–1969).

Die berühmte Silhouette Dresdens mit der katholischen Hofkirche, dem Schloßturm, der Augustusbrücke und der Kuppel der Frauenkirche sieht Johann Christian Clausen Dahl (1788–1857) vom Neustädter Ufer aus in seinem Gemälde «Blick auf Dresden im Mondschein» von 1849 in ein silbriges, beinahe unwirkliches Licht getaucht (Öl/Leinwand; 27 x 42 cm; MG).

nach Dresden. Hier entwickelte er sich in jahrzehntelangem, ununterbrochenem Schaffen zu einem Hauptvertreter der bürgerlich orientierten Bildnismalerei in Deutschland. Wir verdanken ihm Porträts vieler bedeutender Vertreter der Aufklärung, der Klassik und der Romantik. Er schulte sich am lebenden Modell, aber auch an Gemälden der Dresdner Galerie: Aus vielen Quellen erfahren wir, daß Anton Graff ein fleißiger Kopist gewesen ist und daß er Studien nach Gemälden als wichtiges Element der Ausbildung eines Malers ansah.

In der 1764 in veränderter Form erneut gegründeten Dresdner Kunstakademie war das Studium der Gemälde in der Dresdner Galerie ein Grundsatz der Lehre. Dementsprechend schrieb Johann Benjamin Weinart 1777 in seiner «Topographischen Geschichte der Stadt Dresden»: «Diese Akademie, ob sie gleich nicht so zahlreich als viele andere ist, so kann man dennoch sagen, daß die Churfürstliche Galerie reichlich diejenigen Hilfsmittel darbietet, welche eine dergleichen Stiftung zu schaffen vermag. Was für Schätze enthält nicht diese Bildersammlung, welche aus den Meisterstücken der vornehmsten Maler aus allen Schulen besteht? Sie steht zu allen Stunden den Liebhabern offen, so daß die Zögliche, welche die ersten Anfangsgründe gelernt haben, sich nach diesen Wunderwerken der Kunst ausbilden können.»

In einem noch umfassenderen Sinne schrieb Martin Bernhard Lindau 1885 in seiner «Geschichte der königlichen Haupt- und Residenzstadt Dresden von den ältesten Zeiten bis zur Gegenwart»: «Derselbe freigebige Aufwand, der ... Dresdens äußere Erscheinung [im 18. Jahrhundert] entwickelte und vervollkommnete, nährte, ergänzte und bereicherte auch jenen wesentlichen Teil inneren Gehalts – die Schätze der Wissenschaft und Kunst –, welchem Dresden vielleicht mehr als äußeren Reizen seinen Platz unter den bevorzugtesten Städten Europas verdankt.»

Dresdens Anfänge als Kunststadt wurden von Woldemar von Seidlitz 1913 so charakterisiert: «Für Dresden begann die Zeit selbständiger künstlerischer Blüte mit dem Ende des 15. Jahrhunderts, als die Erträgnisse des obererzgebirgischen Silberbaus in Annaberg und Schneeberg die Fürsten des Landes mit einem Besitz ausgestattet hatten, der mit

Notwendigkeit auf die Zusammenziehung der Verwaltung in einem Mittelpunkt hindrängte. Infolge der gleichzeitig vorgenommenen Teilung der sächsischen Lande in das ernestinische Thüringen und das albertinische Meißen bildet sich an der Elbe ein neuer Sitz fürstlicher Prachtentfaltung, der in der Meißner Albrechtsburg seine künstlerische Gestalt erhielt, bald aber nach dem benachbarten Dresden verlegt wurde, das nach allen Richtungen günstigere Verbindungen bot und fortan auch in seinen Kunstäußerungen dauernd durch seine Eigenschaft als Residenzstadt bestimmt wurde.»

Zwar ist im Stadtbild bis zur Zerstörung 1945 das Barock vordergründig beherrschend gewesen, doch darf man nicht vergessen, daß in der Altstadt die mittelalterliche Anlage der Straßen und Plätze erhalten geblieben war, daß auch Renaissance und 17. Jahrhundert noch deutlich hervortreten mit dem Residenzschloß, dem Stallgebäude (dem heutigen Johanneum), dem «Langen Gang» – mit dem «Fürstenzug» des späten 19. Jahrhunderts –, dem Zeughaus (dem heutigen «Albertinum», umgebaut in den achtziger Jahren des vorigen Jahrhunderts) und dem Palais im Großen Garten.

Bedeutsam für die architektonische Gestalt der Stadt war es, daß gerade das «barocke» Dresden kein neues, barockes Residenzschloß erhielt, als Ausgangspunkt großer, die Stadt beherrschender Achsen. Es gab in der Altstadt keine breiten Prachtstraßen mit repräsentativen Palaisbauten des sächsischen Adels, sondern die Stadtgliederung bewahrte bis 1945 die Züge der mittelalterlichen Siedlung, die eine sächsische Bürgerstadt unter anderen gewesen war, von weit geringerer Bedeutung als etwa Freiberg oder Meißen.

Dresden im Bild

Auch das 19. Jahrhundert hat das Stadtbild an entscheidenden Punkten mitgestaltet, wovon Bauten wie die Oper und die Gemäldegalerie von Gottfried Semper oder die Kunstakademie an der Brühlschen Terrasse zeugen. Dabei scheint der Charakter des Vorhandenen die Architekten beeinflußt zu haben: Wie sonst wäre es zu erklären, daß auch heute noch der Anblick Dresdens uns das Bild einer barocken Stadt empfinden läßt, obwohl doch außer Gaetano Chiaveris Katholischer Hofkirche kein einziger Bau des 18. Jahrhunderts im Stadtpanorama mehr zu sehen ist.

Das frühe 20. Jahrhundert fügte das Neue Rathaus mit dem alles überragenden Turm hinzu, das «Ständehaus» (Landtagsgebäude) von Paul Wallot (anstelle des alten Palais Brühl) und ein Ministerialgebäude auf dem Neustädter Elbufer – nicht zu sprechen von all den Bauten, die an der Peripherie der alten Stadt entstanden.

Immer schon hat das Bild dieser Stadt Künstler gereizt. Die frühesten gemalten Ansichten sind aus dem 16. und 17. Jahrhundert überliefert, sie stellen topographische Berichte dar, oder die Stadt dient als Kulisse für «denkwürdige» Ereignisse; so in den großen Gemälden «Jagd auf dem Dresdener Altmarkt» und «Jagd vor der Dresdener Stadtsilhouette» von 1614 sowie «Einzug des Kaisers Matthias» von 1617. Wenn aber von Dresdner Stadtansichten die Rede ist, dann müssen neben Gemälden auch Zeichnungen und graphische Blätter angesprochen werden. In diesen Werken, angefangen von den ältesten Stichen wie dem Heinrich Clefs von 1553, der Zeichnung Gabriel de Tholas zu dem Stich von Hogenberg von 1572, dem Stich Matthäus Merians von 1650, dem G.J. Schneiders von 1680 bis zu den Gemälden und Radierungen Bellottos und Thieles oder den graphischen Darstellungen des 19. Jahrhunderts, spielte immer die Lage am Fluß eine Rolle, sprach die landschaftliche Einbettung der Stadt mit.

Wie wenig die Umgebung Dresdens von der Stadt getrennt werden kann, deren Charakter sich aus ihr zu entwickeln scheint, hat der österreichische Dichter Franz Grillparzer am 2. September 1826 in seinem Tagebuch auf der Reise nach Deutschland notiert: «Ich weiß nicht, war es die Gewohnheit der letzten Tage, in Galerien heimisch zu sein, oder liegt es im Eigentümlichen der hiesigen Natur, daß jede einzelne Aussicht sich mir so sehr als ein Gemälde darstellte. Ich habe das wohl nie in so hohem Grade erfahren.»

Die landschaftliche Umgebung Dresdens ist bewegt, abwechslungsreich und reizvoll; sie wird künstlerisch überhöht durch alte Städte wie Meißen, Pirna und Freiberg, durch barocke Schlösser und Parks, wie Übigau und Pillnitz, Moritzburg und Großsedlitz. Daniel Chodowiecki, der bekannte Berliner Buchillustrator der Aufklärungszeit, hielt 1789 in seinem Reisejournal fest: «Bei Pillnitz fuhren wir mit einer schwimmenden Schiffsbrücke über die Elbe. Der Weg dahin ist ganz unvergleichlich, linker Hand eine beständige Folge von hohen Bergen und Felsen, die mit Gärten, Weinbergen, Kirchen und Lustschlössern bebaut sind.» Selbst heute noch kann man Chodowieckis Beobachtungen nachvollziehen.

Seit der Mitte des 18. Jahrhunderts ließ der verständliche Wunsch des Hofes, das Gesicht der Stadt in Bildern festgehalten zu sehen, Gemälde entstehen wie Johann Alexander Thieles «Ansicht von Dresden mit der Augustusbrücke» von 1746. Bernardo Bellottos Dresden-Ansichten beginnen mit dem Jahre 1747 und stellen einen Höhepunkt europäischer Vedutenmalerei dar.

Bellotto, der sich mit Künstlernamen Canaletto nannte, kam 1747 von Venedig nach Dresden. Er begann hier mit großen, panoramaartigen Darstellungen der Blicke über den Fluß hinweg auf die Stadt, schuf aber auch Ansichten einzelner Plätze und Straßen, insgesamt eine Folge von 25 Bildern. Die Malweise des Künstlers, die äußerst präzise, atmosphärische Wirkungen kaum berücksichtigt, Licht und Schatten scharf trennt, die räumliche Position der Bauten genau fixiert, verband ein Höchstmaß an dokumentarischer Genauigkeit mit künstlerischer Reife und Eigenständigkeit. Eine Folge von großformatigen Radierungen, die er selbst nach seinen Bildern schuf, hat einzig in Piranesis Ansichten von Rom eine gleichzeitige Parallele.

Bellottos Bilder und Radierungen haben wesentlich dazu beigetragen, die «Barockstadt» Dresden zu einem so anschaulichen Begriff werden zu lassen, wenn nicht gar zu einem Mythos, der es schwermacht, andere bedeutende Zeitabschnitte in der Geschichte der Stadt gerecht zu würdigen. Spätere Maler mußten sich immer den Vergleich mit Bellotto gefallen lassen und kamen auch selbst an der Auseinandersetzung mit den Werken des Venezianers nicht vorbei, wenn sie andere, neue Blickwinkel und Motive wählten.

Rechts: August der Starke nahm sich nicht nur beim Bau seiner Schlösser Ludwig XIV. zum Vorbild, er ließ sich auch in denselben absolutistischen Herrscherposen abbilden. Dem Maler dieses Reiterbildnisses, Louis de Silvestre (1675–1760), gab er den Auftrag, die entscheidenden Stationen seines Lebens – angefangen von der Geburt Augusts – im Bild darzustellen (Öl/Leinwand; 267 x 208 cm; AM).

Romantik, Moderne und 20. Jahrhundert

Doch ist daran zu erinnern, daß in Dresden auch Epochen wie die deutsche Romantik und der deutsche Expressionismus Zentren ihrer Wirksamkeit hatten. Caspar David Friedrich ließ in manchen seiner Werke Dresdner Architekturmotive anklingen, die er dann aber in eine Sphäre des Unwirklichen, des Ungreifbaren entrückte. Nur wie beiläufig, aber doch als Ausdruck romantischer Sehnsucht, wandte sich Carl Gustav Carus Dresdner Motiven zu, und Johann Christian Clausen Dahl zeigte die Stadt in märchenhaftem Mondlicht, in demselben Blickwinkel über die Elbe, den schon Bellotto gewählt hatte.

Wieder anders stellte sich die Stadt den Künstlern der Jahrhundertmitte dar. Einen seit dem Biedermeier beliebten Blick auf Dresden malte Theobald von Oer in einer kleinen Ansicht, die das Dortmunder Stadtmuseum besitzt: den vom «Waldschlößchen» aus, das Camillo Graf Marcolini nach 1790 hatte errichten lassen. 1852 zeichnete und malte Adolf Menzel in Dresden: Seine Blätter aus dem Zwinger (auch sein wunderbares Gemälde vom «Nymphenbad», heute in der Hamburger Kunsthalle), aus dem Residenzschloß und aus der Altstadt zeigen den wachen Sinn des großen Künstlers für die Schönheit damals fast vergessener Bauten der barocken Vergangenheit, die er mit der Treue des Realisten festhielt.

Mit dem Erlöschen der romantisch-realistischen Tradition aber hatte die große gemalte Stadtdarstellung in Dresden keinen bedeutenden Vertreter mehr. Ein Bild wie Christian Friedrich Gilles «Brühlsche Terrasse in Dresden» von 1862 setzte den vorläufi-

Fortsetzung Seite 87

Ringelstechen im Großen Schloßhof von Daniel Bretschneider d. Ä. (um 1550– um 1623). Auf dem Deckblatt eines Verzeichnisses der Vergnügungen abgebildet, die in der Fastnacht 1609 in Dresden stattfanden (Deckfarben; ca. 27 x 52 cm; SL).

Des weiland Dürch ... tigen Hochgebornen Fürsten
Herrn/ Herrn ... gusti/ Hertzogen zu Sachssen/
Julich ... und ... ergk/ Landgrafens in Döringen/
Marggrafens zu Meißzen/ Grafens zu der Marck und
Rauenßburgk Herrns zu Rauenstein rc welche den
4. February Anno 1616 zu Dressden gehalten worden.
Jacob von Löben
Curt Tilo Mildener
Hans Han von Weißbach
Haupt man.
Barthel Brandt
Hans Vopelius
Christian von Carl

Links: Die anführende Gruppe der Leichenprozession, die bei der Beerdigung des Herzogs August von Sachsen 1616 mit Musik und szenischen Darstellungen durch die Straßen Dresdens zog (Pinsel, Wasserfarben und Tusche; 29,8 x 42 cm; SO).

Rechts: Eine weitere Gruppe aus dem Leichenzug mit den Künstlern, die am Hof des Herzogs August von Sachsen gearbeitet hatten, im Anschluß zwei seiner Gespannführer (Pinsel, Wasserfarben und Tusche; 29,8 x 37 cm; SO).

Ein Gegenstück ist der Festaufzug für das Turnier, das zu Ehren der Taufe des Herzogs August 1614 veranstaltet wurde. Links: Die Engelsmusik und die Reiter, die mit den Symbolen Sonne und Mond den Tag und die Nacht verkörpern, schreiten voran (Pinsel, Wasserfarben, Papier; 30,3 x 36,4 cm; SO) …

… die Szene auf dem Wagen – sie symbolisiert die Erschaffung Evas im Paradies – folgt auf die Engelsmusik und Sonne und Mond im Taufaufzug (Pinsel, Wasserfarben, Papier; 30,3 x 31 cm; SO).

In detailgenauen, atmosphärisch dichten Stadtansichten dokumentierte Bernardo Bellotto (1721–1780), genannt Canaletto, das barocke Dresden. Hier «Der Neustädter Markt zu Dresden» um 1750 (Öl/Leinwand; 134 x 236 cm; AM).

Oben: Mit «Dresden vom rechten Elbufer oberhalb der Augustusbrücke» stellte sich Canaletto 1747 in Dresden vor. Sich selbst plazierte er vorn in der Mitte sitzend und arbeitend, zwischen den Hofmalern Thiele und Dietrich. Binnen eines Jahres gehörte auch Canaletto zum Kreis der Hofmaler von August III. (Öl/Leinwand; 132 x 236 cm; AM).

Unten: Als Hofmaler hatte Canaletto den Auftrag, jeden Monat ein Gemälde am Hofe abzuliefern. Das Bild «Die Festungswerke zu Dresden» ist vermutlich zwischen 1749 und 1751 entstanden (Öl/Leinwand; 132 x 236 cm; AM).

Oben: Canalettos Veduten von Dresden sind neben ihrer künstlerischen Qualität auch von unschätzbarem dokumentarischem Wert. Denn sie zeigen, wie überwältigend die Stadt zur Zeit des Barock gewesen sein muß. «Dresden vom linken Elbufer unterhalb der Festungswerke» entstand 1748 (Öl/Leinwand; 135 x 238 cm; AM).

Unten: Gegen den Rat des Stadtkommandanten, der um die Sicherheit der Stadt fürchtete, ließ August der Starke zwischen dem Residenzschloß und dem äußeren Festungswall den Zwinger bauen. Canaletto malte diese Perspektive des «ehemaligen Zwingergrabens zu Dresden» vor 1754 (Leinwand; 133 x 235 cm; AM).

Im Vordergrund des Bildes ist die Alte Wache zu sehen, hinter ihr ragt die Frauenkirche von George Bähr auf. Ausschnitt aus Bellottos «Der Neumarkt zu Dresden von der Moritzstraße aus» von 1750 (Öl/Leinwand; 135 x 237 cm; AM).

gen Endpunkt einer Entwicklung: «Von all der unsagbaren Schönheit der majestätischen Silhouette der Stadt und ihren malerischen und großartigen Ecken und Winckeln, von der alten Elbbrücke vor allem, die doch wohl eine der schönsten Brücken der Welt ist [zu Beginn unseres Jahrhunderts durch einen Neubau ersetzt], wenn nicht die schönste, kaum eine Spur im Schaffen der Dresdener Künstler ... Wo hatten die Akademiker ihre Augen?» So schrieb und fragte Alfred Lichtwark in «Deutsche Königsstädte» noch 1898 in bezug auf die siebziger und achtziger Jahre, um dann auf Gotthart Kuehl hinzuweisen, mit dem die Stadtdarstellungen in Dresden einen neuen Höhepunkt erlebten.

Kuehl war seit 1895 Professor an der Kunstakademie. Nicht unempfindlich für die Neuerungen der französischen Impressionisten, faßte er in einer großen Synthese zusammen, was Bellotto an lebensvollen Staffagen, an Abbildtreue und innerer Festigkeit der Komposition, Thiele und Dahl an atmosphärischer Wirkung und Lichteffekten geleistet hatten. Seine Bilder sind voll atmenden Lebens und zeigen die Größe und Schönheit der alten Bauten genauso wie das Wachsen der modernen Stadt, die zwar als typische Residenz von der Industrialisierung nicht so stark betroffen war, sich aber trotzdem sehr vergrößerte und mit neuer, bürgerlich-geschäftiger Aktivität füllte, mit Bauten, die oft das Gepräge des Historismus trugen.

Im frühen 20. Jahrhundert wurde Dresden Wirkungsstätte der Künstlergemeinschaft «Brücke», doch im «Stadtbild» traditioneller Art sahen die Maler dieses Kreises keinen wesentlichen Gegenstand. Wo in ihren Zeichnungen und graphischen Blättern Dresdner Motive erscheinen, da haben sie Gegenden der Stadt gewählt, die weitab lagen von den touristischen Sehenswürdigkeiten: Sie suchten nicht die Schönheit der barocken Residenzstadt, sondern griffen Themen aus dem proletarischen Dresden der Vorstädte auf. Einzig Ernst Ludwig Kirchner schuf Pastelle von vedutenhaftem Charakter.

Erst für einen anderen Expressionisten, für Oskar Kokoschka, der seit 1919 eine Professur an der Dresdner Kunstakademie hatte, erlangte die besondere Gestalt der Stadt wieder inspirierende Kraft: Der Ausblick von seinem Atelierfenster im Akademiegebäude auf der Brühlschen Terrasse über die Elbe auf die Neustadt wurde zu einem vielfach variierten Bildthema, doch hatte er in diesen Jahren den Stil seiner späteren, wie mit dem Weitwinkelobjektiv gesehenen Städteansichten noch nicht gefunden. Dafür sind diese frühen Bilder kraftvoll und zupackend in der Farbe, bei einer gewissen konzentrierten Begrenztheit des Blicks.

Damals wirkte auch Otto Dix in Dresden, seit 1927 als Professor an der Kunstakademie, der in frühen Werken «Dresdener Motive als Versatzstücke voll beziehungsreicher Anspielungen» benutzte und «die kulturträchtige Stadt als Reibungsfläche» empfand, während er, Jahrzehnte später, 1955, als «nachdrückliche Würdigung des neuen alten Dresden ... seine einzige vedutenhafte Darstellung dem hoheitsvollen Blick von der Brühlschen Terrasse auf Hofkirche und Oper widmete», so Werner Schmidt im Dresdner Ausstellungskatalog «Otto Dix zum 75. Geburtstag» von 1966/67. Schon 1939 aber hatte Dix in dem Gemälde «Loth mit seinen Töchtern» die schreckliche Ahnung des brennenden Dresden mit den markanten Silhouetten von Frauenkirche und Hofkirche dargestellt, und 1936 bereits war in Hans Grundigs Mitteltafel des Triptychons «Das tausendjährige Reich» das Bild einer zerstörten Stadt aufgetaucht, das in der Nacht des 13. Februars 1945, schrecklicher als die furchtbarste Vision, Wirklichkeit wurde.

1952 sehen wir uns dann konfrontiert mit der toten Stadt; Holzschnitte von Wilhelm Rudolph und sein Gemälde «Das zerstörte Dresden» vermitteln uns die erschütternde Erfahrung der Auslöschung des Lebens in Bildern der Verlassenheit.

Ungebrochen jedoch hat sich – während der mehr als vierzig Nachkriegsjahre – die Hoffnung auf ein neues Dresden erhalten, das wesentliche Momente des alten bewahren müßte: Denn stets wird man hier die lebendig wachsende Gegenwart am Glanz der Vergangenheit messen, werden die Ansichten Dresdens von Bellotto, von Dahl und Kuehl herangezogen werden zum Vergleich mit dem entstehenden Neuen. Die Werke der Maler gehören in Dresden zum inneren Gehalt der Stadt.

Vorangehende Doppelseite: Die «Zusammenkunft der Monarchen von Sachsen, Preußen und Österreich in Pillnitz vom 25. August 1791» (Leinwand, 1,395 x 2,18 m; NM) von Johann Heinrich Schmidt (1749–1829).

Bärbel Stephan

Eine Hochburg der Bildhauerkunst

«Die Bildhauerkunst wird mit Recht so hoch gehalten, weil sie die Darstellung auf ihren höchsten Gipfel bringen kann und muß, weil sie den Menschen von allem, was ihm nicht wesentlich ist, entblößt.» Diese Worte Goethes aus seinem Laokoon-Aufsatz verdeutlichen, welche Kriterien es waren, die Dresdens Bildhauerkunst über die Jahrhunderte hinweg auszeichneten: Es ist dies der unbestechliche Blick für Maßstab und Qualität. Entstanden aus Tradition, solider Weitervermittlung und geistvoller Verarbeitung fremder Einflüsse, entwickelten sich Wesens- und Stilmerkmale der Dresdner Bildhauerkunst, entstand die Dresdner Bildhauerschule.

Auch für die Bildhauerkunst trifft zu, was Asche 1955 im Jahrbuch zur Pflege der Künste als die «vermutbaren Grundzüge meißenisch-sächsischen Wesens» in der Kunst ansah: jenen Zug zur «nüchternen Sachlichkeit», zu «abgeklärte[m] Wirklichkeitssinn», zu «strenge[r] Folgerichtigkeit in tektonischer Schlichtheit» sowie den «Hang zur allgemeingültigen Form, die bis zu antikischer Klarheit hinaufreichen kann». Mag diese Haltung von «dionysischem Schwung» und «freier Improvisation» überflutet werden, mag sie zu einem Verdämmern in elegischer Zartheit führen oder im ausgeprägten Verismus zupacken, stets werden in Dresdens Bildhauerkunst Maß und Noblesse bewahrt.

Die frühesten plastischen Bildnisse Dresdens sind die nach 1400 zu datierenden, in ihrem ausgeprägten Wirklichkeitssinn vorzüglichen Bildnisbüsten des Stifters und der Stifterin aus der Bürgermeisterfamilie Busmann. Sie befanden sich, neben vier weiteren Konsolen mit der Darstellung der Evangelisten-Symbole, in der südlich an den Chor der Dresdner Sophienkirche anschließenden Busmann-Kapelle und sind heute im Stadtmuseum untergebracht. Wie Löffler in den Sächsischen Heimatblättern 6 von 1972 nachweist, entstanden sie unter dem Einfluß der Prager Parler-Schule, wobei besonders an den Kopf der Tumba Ottokars II. in Prag und die Büste Mathias von Arras im unteren Triforium des Prager Domchores zu denken ist.

Mit dem Ausbau der Renaissance-Stadt Dresden kommt dem in den Jahren 1530 bis 1535 errichteten Georgenbau – «eine Inkunabel der Frührenaissance in Mitteldeutschland», wie ihn H. Magirius bezeichnete – eine hohe Bedeutung auch für die Entwicklung der Dresdner Bildhauerkunst zu. Hier tritt mit Christoph Walther I (verstorben 1546) die weitverzweigte schlesisch-sächsische Bildhauerfamilie Walther auf. Ihre Mitglieder bestimmten, wie die Forschungen W. Hentschels ergeben haben, wesentlich die Dresdner Renaissance-Bildhauerkunst.

Wie ein dichtes Netz überzog Walther I den Georgenbau mit bildhauerischem Schmuck. Entsprechend dem Leitspruch der Nordseite des Georgentores «Per Invidiam Diaboli Mors Intravit In Orben» (Durch den Neid des Teufels ist der Tod in die Welt gekommen), aus dem das Verständnis für die Ikonographie der Fassade erwächst, führte Walther I den «Totentanz» aus, der das Hauptgesims bestimmte. In dem über zwölf Meter langen, ursprünglich farbig gefaßten Sandsteinrelief zeigt der Bildhauer in 27 Figuren die Vertreter aller Stände, unter ihnen mit porträthaften Zügen Kaiser Karl V., König Ferdinand, Herzog Georg, die alle vom Tode angeführt, diesem verfallen sind. Als eine der wenigen plastischen Gestaltungen dieses Themas kommt dem Dresdner «Totentanz» eine herausragende Bedeutung zu.

Als edelste, schönste und vollkommenste Portalgestaltung der deutschen Renaissance wird die «Schöne Pforte» von Kunsthistorikern geschätzt. Einst das Tor zur Schloßkapelle, ziert das Sandsteinportal von 1555 heute das Johanneum an seiner Westseite.

Die vier Jahreszeiten hat der große Bildhauer Balthasar Permoser (1651–1732) in vier Elfenbeinschnitzereien mit Ebenholzsockel zwischen 1685 und 1690 gestaltet. «Der Winter» (links) und «Der Frühling» (rechts) sind zusammen mit den anderen beiden Jahreszeitenfiguren im Grünen Gewölbe ausgestellt.

Auch der Sandsteinfries mit 32 tanzenden Kindern am ehemaligen Heinrich-Schütz-Haus in Dresden, um 1535 entstanden, kann Walther I zugeschrieben werden.

Der Ausbau Dresdens zur protestantischen Metropole Deutschlands einte, wie später bei der Errichtung von Zwinger und Hofkirche, der Semperoper oder Kunstneubauten auf der Brühlschen Terrasse, die Künstler in gemeinsamem Streben. Der neuen Kurwürde entsprechend, ging Moritz an die Erweiterung des Schlosses, ein Bauvorhaben, das zwischen 1547 und 1556 durchgeführt wurde. «Niemals wieder», schreibt Löffler 1982 in «Das alte Dresden», «sind Architektur, Plastik und Malerei in Dresden zu einer solchen Einheit verschmolzen worden wie in diesem Schloßbau».

Der reiche plastische Schmuck ist das Gemeinschaftswerk deutscher und italienischer Bildhauer. Das «Schöne Tor» der Schloßkapelle, seit 1872 am Jüdenhof, entstand 1555 und 1556 unter Leitung des italienischen Steinmetzen und Bildhauers Giovanni [Juan] Maria da Padua [Mosca], verstorben nach 1573, unter Mitarbeit des Bildhauers Johann Agania und wurde in maßgeblichen Teilen ausgeführt von dem Bildhauer Hans Walther II (1526–1586), dem Sohn des Bildhauers Christoph Walther I. Wilhelm Lübke bezeichnete diese kostbare Synthese aus Architektur und Bildhauerkunst als «die weitaus edelste Portalkomposition der ganzen deutschen Renaissance». Aus der Hand von Hans Walther II stammen weiterhin der bildhauerische Schmuck von Altan und Schnecken 1547 bis 1556 im Schloß, Teile des Altars der Schloßkapelle 1555, der Taufstein der Kreuzkirche 1569, der Altar der Kreuzkirche, 1574 bis 1579, der seit 1907 in der Kirche in Bad Schandau steht.

Walther II ist zugleich der Schöpfer des ersten Dresdner Denkmals, des «Moritz-Monuments» (1555). Das Denkmal, als Werk der Skulptur, das öffentlich aufgestellt wurde, um die Erinnerung an ein bedeutendes Ereignis oder an Personen wachzuhalten, ist hier nur als Teil eines von Walther II umfassender geplanten Monuments erhalten. Walther bringt den historisch nicht faßbaren Moment zur Darstellung, da Kurfürst

Satyrhermen von vollendeter Schönheit, die Balthasar Permoser im Alter von 65 Jahren schuf, zieren den Wallpavillon des Zwingers.

Moritz seinem Bruder August das Kurschwert übergibt. Seitlich hinter ihnen ihre Gattinnen Agnes und Anna. Von Bedeutung ist der Aufstellungsort des Denkmals in der Spitze der «Hasenbastei», der anzeigen soll, daß Moritz durch seinen frühen Tod 1553 in der Schlacht bei Sievershausen verhindert war, den Bau der Festungswerke zu vollenden. Jene «greifbare» Beziehung zwischen dem Aufstellungsort und dem zu Ehrenden, die hier beginnt, setzt sich fort und wird bestimmender Grundzug bei den großen Denkmalsaufgaben des 19. Jahrhunderts in Dresden werden. Die Verse aus Goethes «Tasso» zeigen auf, worum es bei dieser «greifbaren» Beziehung geht: «Die Stätte, die ein guter Mensch betrat, / Ist eingeweiht, nach hundert Jahren klingt/ Sein Wort und seine Tat dem Enkel wieder».

Der Bildhauer Christoph Walther II (1534–1584) ist mit einem qualitativ hochwertigen Epitaph 1561 faßbar. Von seinen Söhnen Andreas Walther III (um 1560–1596), Sebastian Walther (1576–1645) sowie Christoph Walther IV (1572– nach 1619) gilt Andreas Walther III als einer der Hauptmeister des Dresdner Manierismus. Als Vorstand einer großen Werkstatt schuf er 1587 und 1588 den figuralen Schmuck für das Jagdtor am Stallhof sowie 1589 den plastischen Schmuck für das Portal des Residenzschlosses in der Schloßgasse. Für das 1590 und 1591 durch P. Buchner errichtete «Pirnaische Tor» schuf er die Statuen der wappentragenden Krieger sowie die vollplastische Figur Christians I. in Küraß auf springendem Pferde, ein frühes Beispiel dieser Art in Deutschland. Sebastian Walther war als Architekt und Bildhauer und Mitarbeiter Giovanni Maria Nossenis (1544–1620) tätig, des Architekten und Bildhauers und Hauptmeisters des Manierismus in Dresden, der dort seit 1575 arbeitete. Beider Handschriften sind am Altar der Sophienkirche (ab 1606) ablesbar. 1589 erhielt Nosseni den Auftrag zur Errichtung eines «Lusthauses» für Christian I. auf der Jungfernbastei zugesprochen. Nosseni lieferte den Plan, die Bildhauer Carlo di Cesare aus Florenz, ein Schüler Giovanni da Bolognas, der von 1588 bis 1591 in Sachsen weilte, sowie Sebastian Walther, seine Brüder Christoph IV und

Einer der beiden Eckbrunnen im Westflügel des Taschenbergpalais mit Triton als Mittelfigur eines reich verzierten Muschel- und Felsenwerkes, gekrönt von Putten. Die Bildhauerarbeit von Gottfried Knöffler (1715–1779) wird auf die zweite Hälfte des 18. Jahrhunderts datiert.

Michael, sein Schwiegersohn Zacharias Hegewald und sein Großneffe, der Bildhauer Wolf Ernst Brohn, sorgten für die Ausstattung, die von erlesener Kostbarkeit war und unter anderem zwanzig lebensgroße Sandsteinskulpturen und sechzig Büsten enthielt. Auch die beiden Bronzesäulen für das Ringelstechen im Stallhof wurden nach Entwürfen Nossenis von Benedix Bachstädt und Specht ausgeführt und von Hilger 1601 gegossen.

Einhergehend mit der Errichtung des frühesten Barockbaus in Kursachsen, des 1678 begonnenen Palais im Großen Garten tritt die Vorzwingergeneration der Bildhauer auf den Plan. Die Brüder Jeremias Süssner (1653–1690) und Konrad Max Süssner (um 1650–nach 1696) schufen Büsten und figuralen Schmuck für das Palais sowie für das Hofportal der Residenz. Nach den Türkensiegen Johann Georgs III. bekrönte Konrad Max 1683 den Türkenbrunnen am Jüdenhof mit einer Viktoria. Der Bildhauer Adam Conrad Buchau (1623–1701) arbeitete seit 1666 in Dresden. Auch der Hofbildhauer George Heermann (nach 1640–1700) schuf plastischen Schmuck für das Palais im Großen Garten. Wichtig ist der Name des Bildhauers und Architekten Marcus Conrad Dietze (1656–1704), der seit 1680 in Dresden als Nachfolger J. G. Starckes und Vorgänger M. D. Pöppelmanns arbeitete. Arbeiten aus seiner Hand findet man am Palais (ab 1680) sowie am «Grünen Tor» des Schlosses (1692/93).

Mit dem Regierungsantritt Augusts des Starken 1694 begann für die Residenzstadt Dresden eine neue Epoche. Der Idee eines großartigen Gesamtkunstwerkes unterstellte sich – dienend und beherrschend zugleich – auch die Bildhauerkunst. Im Zwinger, dem «Gipfel des Barock in Europa», wie ihn Hans Weigert nannte, begegnen uns zwei Künstler, die zu den größten Meistern des Barock zählen: Dem Baumeister Matthäus Daniel Pöppelmann (1662–1736) stand als kongenialer Partner der Bildhauer Balthasar Permoser (1651–1732) zur Seite.

Permoser war nach seiner Ausbildung in Salzburg über Wien nach Italien gegangen. Aus den Werken Michelangelos und Berninis zog er seine künstlerische Kraft. 1689 wurde

Rechte Seite: Dresdens großartigste barocke Brunnenanlage, den Neptunbrunnen im ehemaligen französischen Garten des Marcolinipalais, schuf Lorenzo Mattielli (1688–1748) nach Entwürfen von Longuelune.

er als Hofbildhauer Johann Georgs III. nach Dresden berufen. Aus seiner Hand stammen Bildwerke im Großen Garten, im Zwinger und im Nymphenbad. «Winter» und «Herbst» entstanden um 1718, Hermen und Herkules am Wallpavillon 1716 und 1717, die Kanzel der katholischen Hofkirche 1712, der gegeißelte Heiland nach 1720, eine zweite Fassung in Moritzburg um 1725. Permoser schuf die großartige Apotheose August des Starken in zwei Fassungen, ferner Ambrosius und Augustinus in der Hofkirche sowie das eigene Grabmal von 1732.

Die künstlerische Einheit von Natur und Architektur ist vollzogen im Nymphenbad des Zwingers. Mythologische Frauengestalten umgeben das Grottenwerk, über dessen Becken das Wasser vom Zwingerwall in Kaskaden niederfällt.

Da die Bauakten des Zwingers vernichtet wurden, sind die stilkritischen Zuschreibungen zu Werken weiterer am Zwinger beteiligt gewesener Bildhauer dem profunden Kenner der Dresdner Barockskulptur, Siegfried Asche, zu danken. Johann Christian Kirchner (1691–1732) arbeitete als Mitarbeiter Permosers seit 1712 in Dresden und wurde 1717 zum Hofbildhauer ernannt. Aus der Hand des Bildhauers Benjamin Thomae (1682–1751), des Schülers von Permoser und Schwiegervaters von Knöffler, stammen Skulpturen für den Zwinger und, wie K. Krügel nachweist, das Frontispiez (1733–1735) für das Japanische Palais sowie Moritzburger Terrassenfiguren, die in Gemeinschaftsarbeit mit Kirschner 1727 entstanden. Auch der überragende Johann Joachim Kändler (1706–1776) gehörte zu Thomaes Werkstattmitarbeitern. Johann Matthäus Oberschall (1688–1755), der seit 1717 in Dresden arbeitete, schuf außer seinen Arbeiten am Zwinger die Japanerhermen am Eingang des Elbflügels am Japanischen Palais. Er wird als Mitarbeiter Mattiellis genannt. Ebenfalls als Mitarbeiter Permosers am Zwinger wird der seit 1705 in Dresden arbeitende Paul Heermann (1673–1732) erwähnt. Von ihm stammen Büsten am Palais de Saxe und British Hôtel, zwei Skulpturen vor dem Palais im Großen Garten, das Modell zu einem Reiterstandbild und eine Büste August des Starken. Der Bildhauer Johann Joachim Kretzschmar (1677–1740) war als Mitarbeiter Permosers seit 1712 in Dresden tätig. Als Permosers jüngster Mitarbeiter wird Paul Egell (1691–1752) genannt, der in den Jahren 1712 bis 1721 am Zwinger tätig war.

In den Jahren 1719 bis 1736 arbeitete der Franzose Jean Joseph Vinache (1696–1754) als Hofbildhauer in Dresden. Von ihm stammt das ab 1730 datierte Modell zum Reiterstandbild August des Starken, das dann von Ludwig Wiedemann (1690–1754) in Kupfer getrieben wurde (1733). Die Bildhauer François Condrey (1678–1727) und Henry Hulot († 1747) führten Aufträge für den Hof aus. Lorenzo Mattielli (1688–1748), seit 1738 in Dresden arbeitend, brachte antibarocken Geist im Sinne der italienischen Theoretiker nach Dresden. Winckelmann feiert ihn als den «berühmte[n] Mattielli, dem nach Algarotti Polyklet das Maß und Phidias das Eisen gab». Sein Hauptwerk für Dresden ist der 1744 vollendete über vierzig Meter breite «Neptunbrunnen» im Garten des Marcolini-Palais. Er zählt zu den großartigsten Brunnenanlagen Dresdens.

Gottfried Knöffler (1715–1779), der Schüler, Schwiegersohn und Nachfolger B. Thomaes, wurde 1750 der Nachfolger Mattiellis und 1764 zum Professor an der Akademie ernannt. Er gilt als der früheste Vertreter des reinen Klassizismus in Deutschland. Bei seinen nach 1763 entstandenen Kindergruppen und Trophäen am Coselpalais ist der neue Stil deutlich sichtbar. Als Schüler Knöfflers sind Georg Unger aus Leipzig, der Däne Andersen, Karl Friedrich Schäfer aus Berlin und Christian Joseph Krüger aus Dresden bekannt.

Die Bildhauer Johann Christian Feige d.J. (1720–1788), Johann Friedrich Feige (geboren 1728) und Johann Ferdinand Feige (1733–1783) prägten mit einem gemäßigten Klassizismus das letzte Drittel des 18. Jahrhunderts in Dresden. 1786 wurde Johann Baptist Dorsch (1744–1789) zum Hofbildhauer ernannt, nach seinem Tode rückte 1789 Thäddäus Ignatius Wiskotschill (1753–1795) in dessen Stelle als Hofbildhauer beim Civiloberbauamt ein. Wiskotschill gelang in Zusammenarbeit mit dem Bildhauer Joseph Mattersberger (1754–1825) im Jahre 1784 die erste im Ganzen in Eisen gegossene Großfigur.

Im Jahre 1795 wurde der Bildhauer, Maler und Architekt Johann Gottlob Matthäi (1753–1832) zum Inspektor der Mengsschen Gipsabgußsammlung ernannt, sein Sohn Gottlob Ernst (1779–1842) brachte als langjähriger Schüler Thorvaldsens in Rom dessen Gedankengut nach Dresden. Das Atelier des zu Unrecht vergessenen Bildhauers Friedrich Andreas Ulrich (um 1750 oder 1760–1812) übernahm Gottlob Christian Kühn (1780–1828), der Schüler des Bildhauers Franz Pettrich (1770–1844).

Vier Bildhauer waren es, die den Ruhm Dresdens im 19. Jahrhundert maßgeblich bestimmten: Ernst Rietschel (1804–1861), Ernst Julius Hähnel (1811–1891), ihrer beider Schüler Johannes Schilling (1828–1910) und dessen Schüler Robert Diez (1844–1922). Sie konnten in der Zusammenarbeit mit führenden Architekten zu bildhauerischen Hochleistungen gelangen, die das Stadtbild prägend beeinflussen.

Bedeutend sind unter anderen Rietschels Denkmäler für König Friedrich August I. (1837–1843) und Carl Maria von Weber (1860); Schillings Denkmal für König Johann, den aufgeklärten Monarchen und den wettinischen Staatsmann, (enthüllt 1889) beherrscht den Theaterplatz. Dem Semperschen zweiten Opernhaus gab Schilling die Krönung mit seiner 1877 aufgestellten Quadriga, die, einem «allegro con fueco» gleich, dem in den beruhigten Formen der nachempfundenen Hochrenaissance gebauten Opernhaus ein «himmelstürmendes Element» gibt.

Indem er die Konkurrenz um die Ausschmückung der Treppenanlage zur Brühlschen Terrasse mit den Gruppen der «Vier Tageszeiten» (1860–1871) gewann, gelang Schilling der Durchbruch zur Spitze der zeitgenössischen deutschen Bildhauer. Sein Rietschel-Denkmal, 1876 enthüllt, erhält die Erinnerung an den Begründer der Dresdner Bildhauerschule des 19. Jahrhunderts in glücklicher Weise bis zum heutigen Tage aufrecht. Giebelschmuck und Giebelfeld des akademischen Ausstellungsgebäudes auf der Brühlschen Terrasse (1890–1893) stammen ebenso von ihm wie die auf dem Turm von Wallots «Ständehaus» errichtete «Saxonia» von 1905 und schließlich das Denkmal für Gottfried Semper von 1891, jenen Baumeister, der durch sein Wirken Dresden abermals an die Spitze europäischen Baugeschehens aufrücken ließ. Hähnels Denkmäler für Friedrich August II. (1866) und für Theodor Körner (1871) sind Beispiele für diese Epoche, und Robert Diez wirkte stadtbildprägend durch seinen «Gänsediebbrunnen» (1878–1880) und durch die großartige Brunnengruppe «Stille Wasser» und «Stürmische Wogen» von 1893/94 am Albertplatz.

Dieser Überblick über die Skulptur in Dresden verdeutlicht, was ähnlich Fritz Steudtner einst für die Architektur Dresdens feststellte: Es war immer die Besinnung auf den Maßstab, der durch die kulturgeschichtliche Tradition gegeben war, welche Dresdens Bildhauerkunst auszeichnet.

Günter Reinheckel

Gold und Silber in den Schatzkammern

In der 1216 erstmals als civitas bezeugten Ortschaft Dresden belegen vor allem nach 1945 erfolgte Grabungsfunde steinerner Bauwerke im Schloßbereich und innerhalb der Stadtmauer keramischer Gefäße und Tonfiguren aus dem 13. und 14. Jahrhundert, daß es hier bereits zu jener Zeit trotz besonderer militärischer Schutzaufgaben ein normales urbanes Leben wie in den anderen deutschen Städten gab. Einen Aufschwung scheint das Kunsthandwerk erst durch den Ausbau der Burg am Elbübergang als Hauptwohnsitz der Wettiner Ernst und Albrecht Mitte des 15. Jahrhunderts erfahren zu haben. Der segensreiche Einfluß der Herrscher auf die Tätigkeit der Handwerker hielt bis zum Ende der Wettiner-Dynastie im 20. Jahrhundert an. So ließ Christian I. 1586 24 kleine Handwerkerhäuser in der Nähe des Schlosses errichten. Sein Vater, Kurfürst August I., war selbst ein geschickter Elfenbeindrechsler. Schließlich gelang Johann Friedrich Böttger – allerdings als Gefangener Augusts des Starken – 1708 in Dresden mit dem Hartporzellan eine der sensationellsten Erfindungen der Neuzeit. Die Schöpfungen, die später Künstler daraus entwickelten, zählen zu den Höhepunkten der Weltkunst.

Neben der Unterstützung von Architekten, Malern, Bildhauern, Musikanten, Poeten und Kunsthandwerkern lag den Wettinern auch die Sammlung künstlerischer Erzeugnisse am Herzen. Eine ihrer weltberühmten Kollektionen ist eine Zusammenführung von Objekten der Goldschmiede- und Juwelierkunst im Grünen Gewölbe. Wie viele der Dresdner Sammlungen ist auch dieses Museum aus der bereits 1560 gegründeten kurfürstlichen Kunstkammer hervorgegangen. Es bewahrt sowohl Spitzenwerke heimischer Meister als auch solche aus ganz Europa, Asien und Indien auf, darunter Werke von beträchtlichem historischen Wert wie den Mundbecher Martin Luthers von 1539 oder den Becher der polnischen Königin Hedwig aus dem 14. Jahrhundert.

Infolge der günstigen ökonomischen Entwicklung in Sachsen, die vor allem durch die Erlöse aus dem seit 1168 im Erzgebirge gefundenen Silber resultierte, und von der auch Bürger und Bauern ihren Vorteil hatten, entstand keine ausgesprochen zentralistische, nur auf das Herrscherhaus bezogene Kultur. So zeigt das Kunsthandwerk Dresdens sowohl betont luxuriöse Züge bei den höfischen Objekten als auch eine gediegene, Selbstbewußtsein ausdrückende Formensprache bei den Stücken für Rat und Zünfte, wobei Überschneidungen festgestellt werden können. Die im Hofdienst stehenden Meister wie der Juwelier Johann Melchior Dinglinger waren zwar einerseits frei von den Zunftzwängen und mußten ihre Werke nicht von den Ältesten «beschauen» lassen, andererseits standen sie in finanzieller Hinsicht in beträchtlicher Abhängigkeit von den Fürsten. Trotzdem konnten die höfischen Kunsthandwerker durchaus auch für Adel und Bürger arbeiten, wie auch umgekehrt Meister aus der Stadt für den Hof herangezogen wurden. Darauf waren diese besonders stolz, weil sie sich dann als Hoflieferanten bezeichnen konnten.

Es ist nicht einfach, ein geschlossenes Bild des Kunsthandwerks in Dresden für die Periode vom Mittelalter bis zur Einführung der Reformation in Sachsen 1539 zu entwerfen, da die meisten Arbeiten aus jener Zeit durch Brand, natürlichen Zerfall, Bilderstürmerei oder Einschmelzen verlorengegangen sind. Ein weiterer Teil der Zeugnisse des Dresdner Kunsthandwerks der Vergangenheit ist während der Bombardierung der Stadt

Links: Die von Neptun getragene Fregatte, eine der besten Arbeiten des Dresdner Elfenbeinschnitzers Jakob Zeller und Hauptwerk der Elfenbeinsammlung im Grünen Gewölbe, entstand um 1620. Tauwerk, Nägel und Kanonen bestehen aus Gold. Rechts: Die «phantastische Dichtung in Gold, Silber, Edelstein und Email», «Das Bad der Diana» (um 1705) des Goldschmieds Johann Melchior Dinglinger, schuf er zusammen mit seinem Bruder, dem Emailleur Georg Friedrich, und Balthasar Permoser.

am 13. und 14. Februar 1945 vernichtet worden. Vorsorglich vorgenommene Auslagerungen in die Umgebung der Stadt verhinderten einen völligen Verlust.

Den besten Begriff vom Stand des Dresdner Kunsthandwerks im späten Mittelalter gibt neben der Keramik die Goldschmiedekunst. Leider haben die meist aus Silber getriebenen, feuervergoldeten Kelche keine Stadt- und Meistermarken, da sie überwiegend von Mönchen in den Klöstern angefertigt wurden. Es ist aber anzunehmen, daß neben diesen schon städtische Meister wirkten, die sich wohl im 15. Jahrhundert zu einer Innung zusammengeschlossen hatten. Eine Ordnung mit detaillierten Bestimmungen ist aber erst aus dem Jahre 1542 erhalten. Die ersten überlieferten Namen von Goldschmieden der Stadt beziehen sich auf Nicolaus Goldschmied aurifaber, Hensil Goldsmet und Mathis Goldsmet, die in den Jahresrechnungen des Brückenmeisters von 1388 aufgeführt sind. Einen Begriff davon, wie die Werke dieser Meister ausgesehen haben könnten, geben die erhaltenen Überreste der Schätze von Kirchen und Rathäusern anderer sächsischer Städte wie Bautzen oder Zwickau. Welcher Reichtum an Silberschätzen in Dresden einst vorhanden war, zeigt das Inventar des Augustinerklosters von 1539, und davon, wie die einzelnen Stücke ausgesehen haben könnten, vermittelt das Wittenberger Heiltumsbuch von 1509 eine Ahnung, in dem 123 Gefäße, Geräte und Figuren aus Silber in Holzschnitten von Lucas Cranach dem Älteren zu finden sind.

Das Hauptwerk der Gründungszeit der Stadt dürfte der Fuß eines Kelches im Museum für Kunsthandwerk in Dresden sein, der aus dem Ende des 13. Jahrhunderts stammt. Die

Links: Ebenfalls im Grünen Gewölbe: Die beiden mit vergoldetem Silber und Email verzierten venezianischen Opalglasflaschen. Die linke Flasche wurde zwischen 1771 und 1784 hergestellt, die rechte bauchige um 1600. Rechts: Kokosnußpokal, geschmückt mit dem Relief «Gleichnis vom verlorenen Sohn», den ein Nürnberger Meister um 1560 geschaffen hat.

auf der Fußplatte angebrachten Reliefs erinnern an die Naumburger und Meißner Stifterfiguren dieser Zeit. 1511 schuf der Goldschmied Meister Anthonius ein «schweres» vergoldetes Silberbild für die Alexius-Kapelle auf der Elbbrücke.

Die Zeit des Bauernkrieges und der reformatorischen Auseinandersetzungen zwischen 1525 und dem Augsburger Religionsfrieden von 1555 ließ offenbar nichts Nennenswertes im Bereich der dekorativen Künste entstehen. Erst danach setzte in Sachsen ein Aufschwung ein, zum Beispiel mit dem Waldenburger Steinzeug, den erzgebirgischen Zinnkrügen oder den durch Barbara Uttmann in Annaberg eingeführten Klöppelspitzen. Dresden trat auf den Gebieten der Goldschmiedekunst, der Elfenbeindrechslerei, der Posamente- und der Büchsenmacherei, deren Innung 1545 gegründet wurde, hervor. Bedeutende Leistungen entstanden im 16. Jahrhundert auch auf dem Gebiet der Bucheinbände durch Jakob Krause und Caspar Meuser. Charakteristisch für den Aufstieg Dresdens ist die Verlegung der Hauptmünzstätte von Freiberg in die Stadt an der Elbe im Jahre 1556.

Unter den Dresdner Kunsthandwerkern des letzten Viertels des 16. sowie des 17. und 18. Jahrhunderts heben sich die Goldschmiede und Juweliere durch Werke von künstlerisch hohem Wert heraus. Ihre im Grünen Gewölbe erhaltenen Arbeiten waren meist Aufträge der Kurfürsten von Sachsen. Der Reigen dieser Stücke beginnt mit einer «durchsichtigen grünen Jaspisschale», deren Goldfassung Urban Scheeweiß 1571 schuf. Tobias Wolff fertigte unter anderem kostbaren Schmuck für die Kurfürsten und ihre Ehefrauen.

Überragende Leistungen von europäischem Rang vollbrachten um 1600 Hans Kellerthaler mit einem Schmuck- oder Schreibschrank von 1585 und einem Hausaltar von 1608, Daniel Kellerthaler mit Taufschale und Kanne der Wettiner von 1613 bis 1615, Rosenwasserbecken und Kanne 1629 für Kurfürst Johann Georg I. zu einem Preis von 2700 Gulden, der aus Nürnberg stammende Gabriel Gipfel, Valentin Geitner oder Georg Mond. Möglicherweise sind auch die zwei gänzlich aus Silber getriebenen gravierten Fußturnierharnische des Kurfürsten Christian I. und des Fürsten Christian I. von Anhalt-Bernburg von 1591 von einem Dresdner Meister geschaffen worden.

Einen bedeutenden Einfluß auf die Dresdner Kunst und auf das Kunsthandwerk der Stadt übte der 1544 in Lugano geborene Baumeister und Bildhauer Giovanni Maria Nosseni aus. Von ihm stammen die Entwürfe für zwei Stuhlmodelle mit geschnitzten Wappen, Porträts und graugrünen Serpentinit-Sitzflächen sowie einen Tisch mit runder Serpentinitplatte. Ein weiteres Hauptwerk der Möbelkunst ist der Kunstschrank, den Hans Schifferstein für Johann Georg I. 1615 fertigstellte. Der Schrank ist mit Ebenholz und Palisander furniert und enthält Intarsien aus Elfenbein und Perlmutt. Er hat 119 Schübe, eine herausziehbare Schreibplatte mit einer Planiglob-Erddarstellung in graviertem Elfenbein sowie ein Spinett und ist 3,50 Meter hoch. Hundert Jahre später erhielten die Dresdner Möbeltischler erneut große Aufträge vor allem im Zusammenhang mit der Neueinrichtung des Grünen Gewölbes und der Audienzräume Augusts des Starken im Residenzschloß. Es entstanden Arbeiten, die mit denen aus Paris und London auf glei-

Barocke Herrscher liebten Exotisches. Mohren waren deshalb ein beliebtes Motiv, wie bei diesen beiden Statuetten Melchior Dinglingers. Links: Der «Mohr mit monströser Perlenschale» wurde um 1720 aus lackiertem Holz mit silbervergoldetem Schmuck und Edelsteinen gefertigt. Rechts: Der «Pokal mit der Mohrin Karyatide mit Muschel» aus Rhinozeroshorn mit Silber, Gold, Diamanten und Email entstand zwischen 1706 und 1709.

Oben: Den «Hofstaat zu Delhi am Geburtstag des Großmoguls Aureng-Zeb» mit einer Fläche von fast einem Quadratmeter fertigte

cher künstlerischer Stufe stehen. In den Jahrzehnten dazwischen fehlten zwar größere Aufträge, aber Abraham Schwedler und andere Goldschmiede hatten genug zu tun, um neue Schmuck- und Schaustücke wie Kugelbecher und Elfenbeinhumpen mit geschnitzten figürlichen Hochreliefs für die kurfürstliche Familie herzustellen. Alles, was bis dahin in Dresden und über die Stadtgrenze hinaus auf dem Gebiet der Edelmetall- und Edelsteinkultur entwickelt wurde, fand seine Krönung in den einzigartigen Schmuckstücken der sieben Mitglieder der Familie Dinglinger, deren bedeutendster Meister Johann Melchior 1698 zum Hofjuwelier August des Starken avancierte.

Sein erstes großes Werk ist das «Goldene Kaffeezeug» von 1701 – ein Sinnbild der verfeinerten, eine höhere Zivilisation kennzeichnenden Lebensweise der Gesellschaft, an

Johann Melchior Dinglinger zusammen mit seinen Brüdern zwischen 1701 und 1709 aus Gold, Silber, Smaragden, Rubinen, Perlen, Saphiren und nahezu 5000 Diamanten.

Rechts oben: Weitere Zeugnisse der Kunstfertigkeit Dinglingers aus der Zeit um 1722: ein «Kabinettstück mit dem Kaiser-Cameo»

und rechts unten: ein Schmuckaltar aus vergoldetem Silber, verziert mit Koralle und Edelsteinen.

der auch die Frauen teilhatten. Danach entstand zwischen 1701 und 1708 der «Hofstaat des Großmoguls Aureng Zeb», der die Huldigung des Herrschers in höchster Pracht zeigt, zur gleichen Zeit «Das Bad der Diana» unter Mitwirkung des Bildhauers Balthasar Permoser, der die Göttin in Elfenbein schnitzte, 1720 der «Obeliscus Augustalis» und 1729 bis 1731 der «Apis-Altar».

Auch an den berühmten «Garnituren», die unter anderem Degen, Orden, Hutagraffen, Schnallen und Knöpfe, geschmückt mit jeweils verschiedenen Edelsteinen wie Brillanten, Diamanten, Rubinen, Smaragden, Saphiren, Achaten oder Karneolen, umfassen, haben die Dinglingers mitgewirkt. Eine Auflistung ihrer gesamten Werke würde ein ganzes Buch füllen.

Der Lebensraum als Gesamtkunstwerk war ein Gestaltungsprinzip des Barock. Jeder Gebrauchsgegenstand wurde deshalb verziert, bis seine Funktionalität hinter der Dekoration beinahe zu verschwinden schien. Links: Die bronzene Tischuhr stammt von 1570 bis 1580. Rechts: Die Kanne gehört zum berühmten, 45 Teile umfassenden goldenen Kaffeegeschirr, das Dinglinger im Auftrag Augusts des Starken 1701 vollendete.

Johann Melchior Dinglinger führte ein großes Haus in der Frauenstraße, in dem Peter der Große 1712 Quartier nahm, und besaß dazu noch einen Weinberg am Loschwitzer Elbhang.

Neben den Schöpfungen der Dinglingers dürfen aber die ihrer Kollegen Johann Jacob Irminger oder Johann Heinrich Köhler nicht übersehen werden, ebenso wie die der Zunftmeister, die für Adel und Bürgertum arbeiteten.

Einen vergleichbaren Höhepunkt erlebte Dresden durch die Erfindung des Hartporzellans im Jahre 1708 durch Johann Friedrich Böttger, der ja eigentlich wegen seines Rufes, Gold aus unedlen Stoffen herstellen zu können, 1701 von August dem Starken gefangengenommen wurde. Auf der Grundlage der Erkenntnisse des Naturforschers Ehrenfried Walter von Tschirnhaus erfand er schließlich 1707 in Dresden das rote «Böttgersteinzeug» und 1708 das weiße Porzellan, ohne je die Rezepturen der Chinesen und Japaner erfahren zu haben. Wenn auch die königliche Porzellanmanufaktur 1710 in Meißen gegründet wurde, so war doch die Porzellanherstellung aufs engste mit Dresden verknüpft, nicht nur durch die in der Hauptstadt etablierte Direktion, sondern ebenso durch Künstler wie den bereits genannten Irminger, der der erste Gestalter für Gefäßformen der Manufaktur war, Johann Joachim Kändler, der den plastischen, und Johann Gregorius Höroldt, der den malerischen Stil des europäischen Porzellans bestimmte, die Maler Johann Eleazar Zeissig genannt Schenau, Ludwig Richter, Georg Friedrich Kersting und weitere Mitglieder oder Absolventen der Dresdner Kunstakademie.

Links: Das Trinkgefäß in Form eines Basilisken von Elias Geyer (gestorben 1634) mit Perlmuttermuschel und vergoldetem Silber entstand 1608/10. Rechts: Mit Perlen und Diamanten besetzter Pokal von Balthasar Permoser und Georg Friedrich Dinglinger, 1720.

Daß sich August der Starke so intensiv um die Böttgersche Erfindung gekümmert hat, ist nicht nur seiner Schwäche für das «Indianische», sondern seinen merkantilistischen Überlegungen zur Erzielung von Exportüberschüssen zu verdanken. Auch die von Martin Schnell und Christian Reinow in seinem Auftrag geschaffenen Lackmöbel sind in diese Zusammenhänge einzuordnen.

Schon vor der Gründung der Porzellanmanufaktur entstand 1699 die königliche Glashütte in Dresden, in der durch einen sieben- bis achtprozentigen Bleizusatz eine brillante und klare Glasqualität erreicht wurde. Aus diesem Material wurden herrliche mit Schliff und Schnitt dekorierte Deckelpokale, Sektkelche (Flöten) oder Flaschen geschaffen. Eine besondere Leistung des Werkes waren zwei Riesenpokale, von denen der größere eine Höhe von über zwei Metern aufwies.

1708 errichtete Böttger in Dresden eine Fayencewerkstatt, die von 1712 bis 1767 im Besitz der Familie Peter Eggebrechts blieb und von 1768 bis 1784 der Familie Hörisch gehörte. Diese Betriebe waren es, die neben dem weiteren erfolgreichen Wirken von Kunsthandwerkern wie dem Hofjuwelier Johann Christian Neuber (1736–1808) oder dem Glasmaler Samuel Mohn (1762–1815) die Grundlage für die Industrialisierung in Dresden im 19. und 20. Jahrhundert darstellten. 1856 entstand die Steingutfabrik von Villeroy & Boch, 1868 die Nähmaschinenfabrik von Seidel und Naumann und 1889 das Kamerawerk von Ernemann. Überregionale Bedeutung hatten Fertigungsstätten, in denen die sogenannten Dresdner Rokokomöbel im Stile des 18. Jahrhunderts, Dresdner

Spitzen oder Silbergeschirr nach den Vorlagen des sogenannten «Dresdner Hofmusters» produziert wurden.

Einen großen Einfluß auf das Kunsthandwerk übten die 1875 gegründete Kunstgewerbeschule und das ein Jahr später daran angeschlossene Kunstgewerbemuseum aus. Nach 1945 zog das Museum in das Schloß Pillnitz um, während die Schule 1946 aufgelöst wurde.

Im Ergebnis der Bemühungen um eine Erneuerung des Kunsthandwerks entstanden 1898 die Dresdner Werkstätten für Handwerkskunst, die 1909 als Deutsche Werkstätten nach Hellerau bei Dresden umzogen. Unter den Einflüssen der auch wesentlich an der Entstehung der Gartenstadt in Hellerau beteiligten Richard Riemerschmid, Heinrich Tessenow und Hermann Muthesius brachten sie eine spezifisch Dresdner Variante des Jugendstils hervor, die manches der Bauhausperiode vorwegnahm. Eigenständige Entwürfe schufen vor allem auch die Goldschmiede Hermann Ehrenlechner vor und Johannes Eckert sowie Walter Flemming nach dem Ersten Weltkrieg. Im Stil des Art deco wirkten die Glaskünstler Walter Nitschke sowie Anton Witt und der Holzgestalter Theodor Arthur Winde.

Nach dem Zweiten Weltkrieg führten die besten Kräfte wie die Glaskünstlerin Irmgard Kotte-Weidauer oder der Holzgestalter Lüder Baier diese Linie behutsam, aber in neuen Gestaltungsformen fort, während sich die jüngere Generation löste und den Anschluß an die internationale Entwicklung suchte.

Wer heute etwas über das Dresdner Kunsthandwerk erfahren möchte, findet Antwort in zahlreichen Museen der Stadt, denn neben einer Vielzahl von Objekten auswärtiger Künstler sind hier die Werke der einheimischen Handwerksmeister ausgestellt. In keiner Stadt der Welt gibt es so spezialisierte kunsthandwerkliche Sammlungen auf höchstem Niveau wie in Dresden. 1721 ließ August der Starke seinen Staatsschatz aus Gold, Silber, Edelsteinen und Juwelierarbeiten aufstellen. In den völlig neu gestalteten acht Räumen des schon vorher wegen der verwendeten Wandfarbe als «Grünes Gewölbe» bezeichneten Traktes im Schloß wurden die Stücke nach Materialien geordnet und auf Konsolen vor verspiegelten Wandflächen plaziert. Im letzten Krieg beschädigt, erfährt dieses Museum gegenwärtig die ersten Schritte zum Wiedereinzug in seine angestammten Räume.

Die Porzellansammlung wurde zunächst im Holländischen Palais in Dresden eingerichtet, das der König ab 1727 zum Japanischen Palais umbauen ließ. Sie umfaßt Werke aus Meißen und anderen europäischen Manufakturen sowie chinesischer und japanischer Porzellanhersteller. 1735 befanden sich über 35000 Stücke dort. 1875 zog das Museum in das Johanneum um, und seit 1962 befindet es sich im Zwinger.

Im Historischen Museum, das die Waffen- und Rüstkammer der sächsischen Herrscher seit dem Mittelalter bewahrt, finden sich neben Werken aus Dresden und Sachsen Schwerter, Gewehre, Pistolen, Rüstungen und andere Waffen aus aller Welt. Die Objekte legen Zeugnis ab von der hohen Meisterschaft der Schmiede, Goldschmiede, Büchsen- und Harnischmacher Europas und Ostasiens.

Im Museum für Kunsthandwerk, das bis 1951 Kunstgewerbemuseum hieß und 1907 einen Neubau am äußeren Stadtring erhalten hatte, finden sich europäische und ostasiatische Arbeiten aus Bronze, Glas, Edelmetall, Fayence, Holz, Kupfer, Majolika, Messing, Steinzeug, Steingut, Textilien und Zinn von Kunsthandwerkern sowie aus Manufakturen und Fabriken vom späten Mittelalter bis zur unmittelbaren Gegenwart.

Im Stadtmuseum spiegelt sich die Geschichte des Handwerks und der Industrie Dresdens wider. Auch im Museum für Volkskunst gibt es Beispiele des sächsischen Kunsthandwerks, ebenso im Mathematisch-Physikalischen Salon mit seiner Uhren- und Instrumentensammlung aus Dresden und Umgebung. Nicht zuletzt gehören auch die Skulpturensammlung mit ihrer Kollektion hochbedeutender griechischer Keramikgefäße der Antike und das Museum für Vorgeschichte mit den Grabungsfunden aus Dresden und Sachsen sowie das Völkerkundemuseum mit zu den Kollektionen der an Kunsthandwerk reichen Stadt.

Im Alter von 24 Jahren zog Caspar David Friedrich nach Dresden. Hier blieb er bis zu seinem Tod. Sein Malerfreund Georg Friedrich Kersting (1785–1874) porträtierte ihn um 1812 «in seinem Atelier in der Pirnaischen Vorstadt» (Öl/Leinwand; 51 x 40 cm; BN).

Caspar David Friedrich (1774–1840) unternahm immer wieder Reisen nach Rügen, Böhmen, ins Riesengebirge oder den Harz. Seine Reiseeindrücke sensibilisierten sein Auge auch für die Landschaft um Dresden. «Das große Gehege bei Dresden» entstand 1832 (Öl/Leinwand; 73,5 x 103 cm; NM).

Der «Blick von der Brühlschen Terrasse nach Neustadt» von Franz Wilhelm Leuteritz (1817–1902) ist noch ganz vom Biedermeier geprägt. Dabei entwickelte sich Dresden im Lauf des 19. Jahrhunderts zu einem Zentrum der Industrie (Öl/Leinwand; 71 x 94 cm; MG).

Franz Wilhelm Leuteritz «Blick vom Quandtschen Garten nach Altstadt». Ebenfalls um die Mitte des 19. Jahrhunderts trafen sich bei J. G. von Quandt, einem reichen Kunstsammler und -schriftsteller, die bedeutenden Künstler Dresdens: So gingen etwa Semper und Julius Schnorr im Quandtschen Haus ein und aus (Öl/Leinwand; 70 x 94 cm; MG).

Der Aufgang von der Terrassengasse zur Brühlschen Terrasse von Heinrich Matthey (1808–1880). Die ursprüngliche Treppe von Hermann (1843) war weit aufwendiger und einem barokken Schloßaufgang nachgestaltet. Sie wurde aber 1873 stark verändert und vereinfacht (Zeichnung, aquarelliert; 20,7 x 15,4 cm; MG).

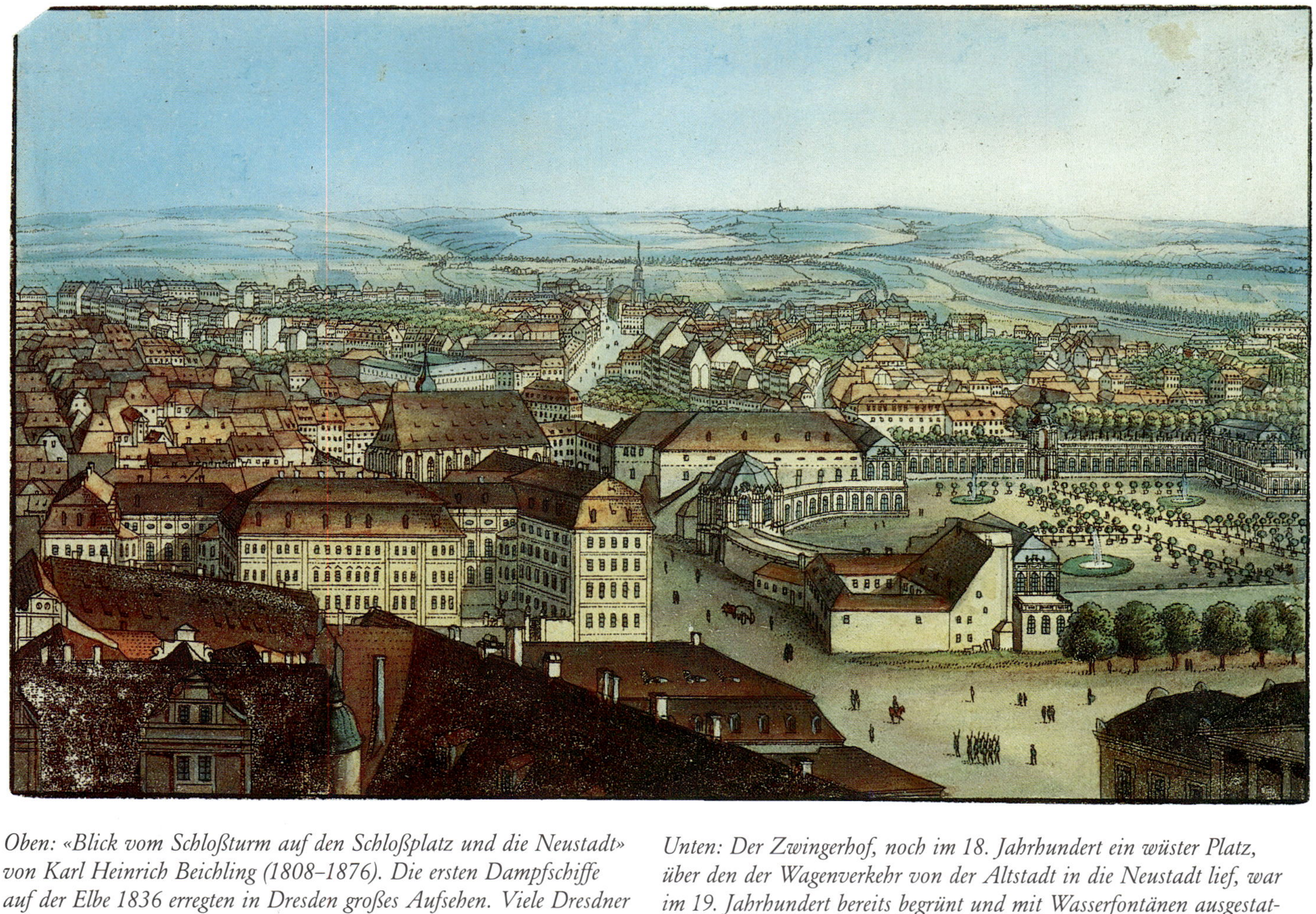

Oben: «Blick vom Schloßturm auf den Schloßplatz und die Neustadt» von Karl Heinrich Beichling (1808–1876). Die ersten Dampfschiffe auf der Elbe 1836 erregten in Dresden großes Aufsehen. Viele Dresdner sahen dampfbetriebene Schiffe zum ersten Mal in ihrem Leben (Kupferstich, koloriert; 9x15 cm; MG).

Unten: Der Zwingerhof, noch im 18. Jahrhundert ein wüster Platz, über den der Wagenverkehr von der Altstadt in die Neustadt lief, war im 19. Jahrhundert bereits begrünt und mit Wasserfontänen ausgestattet, wie Beichlings «Blick vom Schloßturm auf den Zwinger» zeigt (Kupferstich, koloriert; 9x15 cm; MG).

Oben: Beichlings «Blick vom Schloßturm in den Stallhof». Die 1586 bis 1588 errichtete Anlage des Stallhofes diente als Ersatz für die Rennbahn vor dem Schloß (Kupferstich, koloriert; 9x15 cm; MG).

Unten: Obwohl der Theaterplatz erst im vorigen Jahrhundert planmäßig angelegt wurde, ist er den älteren gewachsenen Plätzen der Stadt wie dem Altmarkt oder dem Neumarkt ebenbürtig. Beichling stellte auch dieses Ensemble im «Blick vom Schloßturm auf den Theaterplatz» im Kupferstich dar (Kupferstich, koloriert, 9x15 cm, MG).

Unten: «Terrassengasse im Winter» um 1900. Der romantische Blick auf die enge Gasse und die Hofkirche im Hintergrund war ein beliebtes Sujet der Dresdner Künstler des vorigen Jahrhunderts, wie für August Reinhardt (1831–1915) (Öl/Holz; 53 x 42 cm; MG).

Rechts: Die zahlreichen Straßenmärkte, die das Bild der Städte des 19. Jahrhunderts prägten, sind in Dresden erst wieder am Entstehen. Otto Julius Fritzsches (1872–1948) «Striezelmarkt in Dresden Neustadt» von 1910 zeigt den belebten Weihnachtsmarkt auf dem Neustädter Markt (Öl/Leinwand; 64 x 72 cm, MG).

Eine Gruppe junger Männer zwischen 21 und 25 Jahren, Autodidakten ohne akademische Malausbildung, gründete 1905 in Dresden die später weltberühmte expressionistische Künstlergruppe «Brücke». Zu ihr zählten die Maler Heckel, Kirchner, Schmitt-Rottluff und etwas später auch der junge Max Pechstein, der 1906 den «Eliasfriedhof in Dresden» schuf (Öl/Leinwand; 44 x 61 cm; BB).

Links: Der Entwurf des Plakats zur Internationalen Kunstausstellung 1901 stammt von Paul Rößler (1873–1957). Rechts: In ehemaligen Läden in der Berliner Straße richteten die Brücke-Gründer Heckel, Kirchner, Schmitt-Rottluff und Bleyl 1905 ihre Ateliergemeinschaft ein. Eine der wichtigen ersten Ausstellungen der Künstlergruppe «Brücke» fand in der Galerie Arnold statt. Das Plakat dafür entwarf Ludwig Kirchner (1880–1938).

Auch heute noch sind die Elbhänge des im vorigen Jahrhundert entstandenen Villenviertels Loschwitz so natürlich bewachsen, wie Gustav Alfred Müllers (1895–1978) «Loschwitz im Vorfrühling» von 1928 zeigt (Aquarell; 33 x 42,5 cm; BK).

Müllers «Frachtdampfer auf der Elbe» sind 1925 entstanden. Mit dem zunehmenden Schiffsverkehr und der Entwicklung Dresdens zu einer Großstadt wurde 1895 der Bau des Elbhafens notwendig (Aquarell; 50 x 61 cm; BK).

Maler und Dichter in einer Person: der Expressionist Oskar Kokoschka. Sein Gemälde «Elblandschaft in Dresden» stammt von 1923 (Öl/Leinwand; 65,5 x 95,7 cm; FE).

OK

Der in Dresden geborene Maler und Graphiker Conrad Felixmüller (1897–1978) setzte sich in seinen Bildern vor allem mit sozialkritischen Themen der Zeit auseinander. Sein «Liebespaar vor Dresden» ironisiert die Feierabendseligkeit eines kleinbürgerlichen Glücks (Öl/Leinwand; 161 x 103 cm; NM).

Eberhard Steindorf

«Ein von seiner eigenen Harmonie verzauberter Akkord»

Dresden als Musikstadt

Als der Schriftsteller Erich Kästner die Erinnerung an seine Vaterstadt Dresden in Worte zu fassen versuchte, bot sich ihm nicht von ungefähr ein musikalisches Bild an: «Die Vergangenheit und die Gegenwart lebten miteinander im Einklang. Eigentlich müßte es heißen: im Zweiklang. Und mit der Landschaft zusammen, mit der Elbe, den Brücken, den Hügelhängen, den Wäldern und mit den Gebirgen am Horizont, ergab sich sogar ein Dreiklang. Geschichte, Kunst und Natur schwebten über Stadt und Tal, vom Meißner Dom bis zum Großsedlitzer Schloßpark, wie ein von seiner eigenen Harmonie verzauberter Akkord.» Und so gleichen denn auch viele andere Beschreibungen der «Stadt am Strom», seien sie eher allgemein gehalten wie in einem x-beliebigen «Conversations-Lexicon» früherer Zeiten oder doch ganz persönlich empfunden wie etwa Äußerungen Kleists oder Goethes, einer aufgeschlagenen Partitur: Hier scheint man – in übertragenem Sinne – verschiedenste melodische Motive und rhythmische Werte wahrnehmen zu können, vermischte Farben, feinste dynamische Abstufungen und Tempomodifikationen ebenso wie verschmelzende Zusammenklänge und ausdrucksstarke Kontraste; und schmerzliche Dissonanzen fehlen auch nicht ...

Kurzum: Dresden ist eine Musikstadt, von seinen äußeren Gegebenheiten her wie von seiner inneren Befindlichkeit. Denn wenn Heinrich Schütz einst feststellte, die Musica sei «diejenige Profession, welche nichts minder [als die Sonne unter den sieben Planeten] also auch unter den Sieben freyen Künsten, in deren Mitte helle glenzet und weit leuchtet», so findet das heute in der Musikliebe der Dresdner immer noch und immer wieder Bestätigung: Sie sprechen beispielsweise nicht einfach von «der», sondern eben von «ihrer» Oper, «ihrer» Philharmonie und «ihrer» Kapelle, und sie artikulieren damit eine Verbundenheit eigenster Art. Das Publikum vermag, wie Gästen immer wieder auffällt, außergewöhnlich intensiv zu hören und zu reagieren: Seine Begeisterungsfähigkeit ist beeindruckend, aber auch seine Möglichkeit zur stillen Besinnung, ja Betroffenheit über ein musikalisches Ereignis. Das zeigt auch eine ganz spezifische Beziehung zur Tonkunst.

«Es ist eine Eigentümlichkeit von Dresden», schrieb 1830 ein Herr Wilhelm von Lüdemann, «daß ihr in den Sommermonaten jeden Abend hindurch an fünf oder sechs Orten für ein unbedeutendes Entree Konzerte hören könnt, die man in Berlin oder Paris mit Thalern bezahlt; treffliche, präzise und völlig befriedigende Leistungen, wie ich sie in dieser Art weder in dem an Bauernfiedlern reichen Berlin noch an sonst einem anderen Orte in und außer Deutschland kenne.» Vielfalt und Qualität in Konzerten – das gilt auch in der Gegenwart. «Dresden singt und musiziert» ist mehr als nur das Motto einer Open-air-Veranstaltung, die alljährlich die 1978 ins Leben gerufenen Musikfestspiele beschließt – und Tausende auf die Beine bringt. Es gilt gleichsam für den ganzen Jahreskreis: für die repräsentativen Darbietungen in Semperoper, Kulturpalast, Kreuzkirche, Kathedrale und Musikhochschule sowie für Konzerte an den reizvollen Schau- und Hörplätzen von der Albrechtsburg bis zum Pillnitzer Park, vom neuerdings wieder genutzten Palais im Großen Garten bis zur Porzellansammlung des Zwingers, von Schloß Weesenstein bis Schloß Rammenau, vom Garten des Hosterwitzer Weber-Hauses bis zu den intimen Räumen von Wagners Graupaer Domizil. Es hat aber seine Berechtigung gleichfalls für die zahlreichen leistungsfähigen Kantoreien – unter anderem gibt es in der

Advents- und Weihnachtszeit allein um die zwanzig Aufführungen von Bachs Weihnachtsoratorium in verschiedenen Kirchen! – und für die nahezu fünfzig Männer-, Frauen-, Kinder- und gemischten Chöre, die noch jüngst gezählt werden konnten und die letztendlich aus einer Singbewegung hervorgegangen sind, welche der Dresdner Hoforganist Anton Dreyssig 1807 mit der Gründung einer Singakademie initiiert und die 1865 im 1. Deutschen Sängerbundfest mit 20 000 Teilnehmern einen außergewöhnlichen Dresdner Höhepunkt hatte.

Die Gelegenheit zu ständiger Begegnung mit moderner Kunst gehört ebenfalls zur musikalischen Physiognomie dieser Stadt. Merkwürdigerweise gilt sie als ausgesprochen konservativ, dabei ließe sich die Musikhistorie Dresdens ohne Schwierigkeiten als eine Geschichte von Ur- und Erstaufführungen schreiben. Da gibt es Studio-Reihen, auch für elektronische Musik, sinfonische und Opernbeiträge, Kammermusikalisches und Chorisches; vom Dresdner Zentrum für zeitgenössische Musik gehen wichtige Impulse aus für Werkauswahl und Interpretation von der Klassik des 20. Jahrhunderts bis zum aktuellsten kompositorischen Experiment.

Musik begleitete die Dresdner nachweislich seit der Gründung ihrer Stadt zu Beginn des 13. Jahrhunderts. Natürlich war die Kunst der Töne durch alle Zeiten Zierde der großen Feste, über die lieber und öfter berichtet wird als über jene Stunden, in denen sie eher berufen ist, Zuspruch zu spenden und Zuversicht zu vermitteln. Erinnert sei – um nur einige Zeichen zu setzen – etwa an Heinrich Schützens eindringliches Gebet «Verleih uns Frieden genädiglich, Herr Gott zu unsern Zeiten», das er während des Dreißigjährigen Krieges komponiert und im Jahr des Friedensschlusses, 1648, veröffentlicht hat. In den Tagen nach dem Zweiten Weltkrieg schrieb eine Dresdnerin an eine Tageszeitung: «Ich glaube, daß wir sie nötig brauchen werden, die Trösterin Musica», und Rudolf Mauersbergers erschütternde Motette nach der Klage des Propheten Jeremia «Wie liegt die Stadt so wüst», die er von seinen Kruzianern erstmals im August 1945 auf den Trümmern der Kreuzkirche hatte singen lassen, war eindringliche Bestätigung dafür. Seit Jahrzehnten führt die Staatskapelle am 13. und 14. Februar ein Requiem auf und weiß sich eins mit ihrem Publikum im Gedenken an die Opfer der Zerstörung Dresdens und in der Mahnung zum Frieden; Kreuzchor und Philharmonie haben sich dieses Anliegen ebenfalls zu eigen gemacht. Und wer könnte – ein ganz anders geartetes Beispiel – die «Fidelio»-Premiere in der Semperoper am 7. Oktober 1989 je vergessen: Zehntausende Demonstranten auf dem Theaterplatz artikulieren ihren Anspruch auf die Menschenrechte – und auf der Bühne spielt zur selben Stunde Beethovens unvergleichlich aktuelle Botschaft als musikalisches Drama, hochbrisant, auf einer Szene hinter Stacheldraht und Mauer! Wie fern noch und zugleich wie nahe schon waren in dieser Situation die Worte E. T. A. Hoffmanns, die dieser nach der Niederlage Napoleons 1813, als Kapellmeister und Komponist nur wenige Meter vom 1989er Geschehen entfernt in Logis gewesen, zu Papier gebracht hatte: «Freiheit! – Freiheit! – Freiheit! – Meine schönsten Hoffnungen sind erfüllt, und mein fester Glaube, an dem ich selbst in der trübsten Trauer treulich festgehalten, ist bewährt worden …»

Schon diese wenigen Streiflichter machen deutlich, wie sehr da allenthalben Gegenwart und Vergangenheit im Einklang leben. Welche Rolle jedoch Tradition und Kontinuität im Dresdner Musikleben spielen, wird vollends erkennbar, wenn wir einige ihrer führenden Institutionen näher betrachten.

Die Dresdner Philharmonie und der Kreuzchor

Die jüngste von ihnen ist die Dresdner Philharmonie, ein Orchester, das mit seinem internationalen Ansehen seit mehr als 120 Jahren das hohe Niveau städtischer professioneller Musikpflege repräsentiert. Seine Geburtsstunde, am 29. November 1870, geht zurück auf die Eröffnung eines Konzertsaales, den der Dresdner Gewerbeverein – eine Gesellschaft zur Förderung von Handel, Gewerbe, Wissenschaft und Kunst – in der

Die Musikstadt Dresden feierte ihre glanzvollen Feste – wie die Hochzeit des Kronprinzen August mit Maria Josefa von Österreich 1719 – mit herausragenden musikalischen Ereignissen. Georg Friedrich Händel war eigens aus London angereist, um der Freiluftaufführung der Operette «Vier Jahreszeiten» im Königlichen Garten zu lauschen, die Pöppelmanns Zeichnung wiedergibt.

Ostra-Allee, gegenüber dem Zwinger, hatte erbauen lassen. Hervorgegangen war das Orchester aus dem Stadtmusikkorps, das sich seinerseits über die Stadtkapelle und die Ratsmusiker letztendlich von jenen Stadtpfeifern herleitet, die man 1420 – durch eine Ratsmitteilung erstmals aktenkundig gemacht – angewiesen hatte, 29mal im Jahr «bei der großen Orgel» in der Kreuzkirche zu spielen. Neben der Beteiligung an der städtischen Kirchenmusik oblag ihnen zunächst das Turmblasen zu Festes- und Marktzeiten – aber auch zum Anzeigen der gefürchteten Feuersbrünste –, außerdem spielten sie bei Rats- und Familienfeiern, später auf Bällen und schließlich in eigenen Konzerten.

Überhaupt hatte sich das öffentliche bürgerliche Konzertieren in Dresden bereits im letzten Drittel des 18. Jahrhunderts zu etablieren begonnen, nicht ohne maßgebliche Beteiligung allerdings von Mitgliedern der Hofkapelle und deren Kapellmeister. Erwähnt seien die Konzertreihen des Hofküchenmeisters J. G. A. Bassemann um 1780 und die «Großen Concerte» Joseph Schusters, die vorübergehend auch mit den Musikliebhabern des Societäts-Theaters kooperierten. Im frühen 19. Jahrhundert traten mehrere Vereine mit charakteristischen Namen wie «Das freundschaftliche Konzert», «Harmonie» oder «Konversation» hervor und – nur vorübergehend existenzfähig – ein von Ferdinand Hiller gegründetes Konzertinstitut, durch das unter anderem 1845 Robert Schumanns Klavierkonzert uraufgeführt wurde. Außerordentlicher Beliebtheit erfreuten sich Freiluftkonzerte, auch von Militärkapellen, im Großen Garten, im Linckeschen Bade und auf der Brühlschen Terrasse. Diese Vielfalt bürgerlichen Musizierens also bildete den fruchtbaren Nährboden, aus dem das Gewerbehausorchester, wie das Stadtmusikkorps nach seinem neuen Wirkungsort genannt wurde, herauswachsen konnte.

«Philharmonische Konzerte» gab man schon seit 1885 unter der Leitung von Jean Louis Nicodé, einem befähigten Komponisten, Pianisten und Dirigenten, der sich besonders dem Schaffen von Berlioz, Liszt, Bruckner, Tschaikowski, Dvořák und Strauss verbunden fühlte, von denen er die drei letztgenannten auch ans Pult nach Dresden holen konnte. Sehr bald begründete das Orchester auch seine internationale Wirksamkeit mit Reisen in die skandinavischen Länder, nach Rußland, Polen, Holland und 1909 sogar bis in die USA. Den kunsterzieherischen «Historischen Konzerten» fügte man 1912 Städtische Volks- und Jugendsinfoniekonzerte hinzu und erweiterte damit auf wegweisende Art das Spektrum der Musikhörer. Noch heute werden durch ein wohldurchdachtes System von Schulkonzerten allen Schülern von der ersten Klasse bis zum Abitur Konzerterlebnisse kontinuierlich nahegebracht.

Einen bemerkenswerten Aufschwung nahm die künstlerische Arbeit unter den formenden Händen der Chefdirigenten Eduard Mörike (1924–1929), der den bis heute gebräuchlichen Namen «Dresdner Philharmonie» einführte, und vor allem Paul van Kempen (1934–1942), der dem Orchester zu größtmöglicher Qualität und Anerkennung verhalf, mit ihm für die Schallplatte produzierte sowie Zeitgenössische Musiktage und den Dresdner Musiksommer begründete, in dessen Rahmen die Philharmonie die populären Zwingerserenaden übernahm. 1942 mußte van Kempen auf Druck der nationalsozialistischen Behörden sein Amt aufgeben, zwei Jahre später wurde das Orchester im Gefolge des «totalen Krieges» aufgelöst. Es gab sich aber nicht auf. Bereits vier Wochen nach Kriegsende, am 8. Juni 1945, war es wiedererstanden und konnte in einem Kirchsaal sein erstes Konzert spielen, inmitten einer zerstörten Stadt und ohne eigene Heimstatt: Das Gewerbehaus war samt Notenbibliothek und Archiv ein Raub der Flammen geworden.

Unter Heinz Bongartz erlebte die Dresdner Philharmonie zwischen 1947 und 1964 ihre bis dahin erfolgreichste und fruchtbarste Epoche seit der Gründung. Aus genossenschaftlicher Struktur in städtische Verwaltung übergegangen, war endlich eine Existenzgrundlage vorhanden, die ein gesichertes Wirken zuließ. Mit Kurt Masur am Pult (1967–1972) kam es zu einem neuerlichen Aufschwung. 1969 zog die Philharmonie, die bis dahin im Hygienemuseum musizert hatte, in den neuerbauten Kulturpalast am Altmarkt ein und veranstaltet seither im Festsaal mit seinen 2400 Plätzen Sinfonie-, Sonder- und thematisch interessante Zykluskonzerte, die auf viele Gastdirigenten und Solisten eine starke Anziehungskraft ausüben und einen tragenden Bestandteil des Dresdner Musiklebens bilden. Günter Herbig, Herbert Kegel und seit 1986 Jörg-Peter Weigle mehrten durch Gastspiele in ganz Europa und Fernost, durch Fernseh-, Rundfunk- und Schallplattenaufnahmen das Ansehen der Philharmonie in der Welt und die Verbundenheit mit ihren Dresdner Freunden.

Die älteste, bis in die Gegenwart ununterbrochen existierende Dresdner Musikinstitution ist der Kreuzchor. Markgraf Heinrich der Erlauchte stiftete für die 1216 gegründete Marktkirche St. Nikolai – davor hatte es nur das offenbar nach 1142 erbaute Gotteshaus «Zu unserer lieben Frau» gegeben – als Reliquie einen Splitter vom Kreuz Christi, zu dessen Aufbewahrung man eine «Capella sanctae crucis» anbaute. Um die fernere Ausbildung der Chorknaben zu gewährleisten, die darin den liturgischen Dienst übernehmen sollten, wurde eine Schule ins Leben gerufen. Erstmals im Jahre 1300 erwähnt, erhielt sie die Bezeichnung «Kreuzschule», wie auch schon im 14. Jahrhundert die einstige Nikolaikirche den Namen der Kapelle «Zum heiligen Kreuz» zu tragen begann. Gleichzeitig übernahm die Stadt die Verwaltung.

Aus dem Jahre 1370 weiß man urkundlich von einem «magister scholae» und von einem «orgilmeister». Die Hauptaufgabe des Chores aus Knaben- und Jungmännerstimmen, der sich aus allen Schichten der Bevölkerung von Adeligen bis zu den Tagelöhnern rekrutierte, bestand in der Ausgestaltung von Meßfeiern und übrigen Gottesdiensten, von Hochzeiten, Begräbnissen und derartigen Anlässen. Zuverdienste brachten das kurrendische «Türsingen», aber auch Glockenläuten, Kirchekehren und Heumachen ... Später, von 1719 bis 1817, hatten die Kruzianer sogar die chorischen Aufgaben in der Oper wahrzunehmen. Die Schola crucis, 1400 Gelehrtenschule geworden, bildete ein wichtiges Zentrum der vorreformatorischen Bewegung in Sachsen – manche ihrer Schüler und Lehrer waren sogar verketzert worden –, und 1539 gab es den ersten evangelischen

Das erste Opernhaus Gottfried Sempers, 1841 erbaut, wurde 1869 durch einen Brand zerstört. Das prachtvolle Gebäude wies auch in seiner Innenausstattung eine verschwenderische Fülle auf, wie der Stich von Gustav Täubert (1817–1913) «Das Innere des königlichen Hoftheaters zu Dresden» erkennen läßt (Kolorierter Stich, 95 x 148 cm; MG).

Gottesdienst in der Kreuzkirche, in dem sogleich «die Cantorei den introitum, Kyrie eleison und die prosa de sancta trinitate auf dem Chore stattlich musiciret und figuriret» hat.

Als erster Kreuzkantor amtierte 1540 bis 1543 Sebaldus Baumann; er hatte – zugleich Lehrer der Schule – den «Chor zu regiren» und seine Zöglinge «so abzurichten», daß sie ihre Stimmen zu «artigen und lieblichen Lautten formiren» konnten. Wenn einmal tiefere Stimmen fehlten, warb man aus der Stadt Aushilfskräfte an, nicht ohne für sie – wie im 16. Jahrhundert durch Kantor Johann Sellner belegt – Bier zu beantragen, «damit diejenigen, so unsere Musicam zieren helffen, desto williger bleiben». Namhafte Kantoren der zurückliegenden Jahrhunderte waren der Bach-Schüler Gottfried August Homilius (1755–1785), Christian Ehregott Weinlig (1785–1813), der neben die liturgischen Aufgaben erstmals auch Kirchenkonzerte stellte. Ernst Julius Otto (1828–1875) ließ die Kruzianer in weltliche Konzerte einbeziehen. Oskar Wermann (1875–1906) sah ein Zentrum der Arbeit in den wöchentlichen Vespern, die dann auch bis zu 4000 Zuhörer anzogen, und Otto Richter (1906–1930) leitete den Kreuzchor auf seiner ersten Auslandsreise nach Schweden.

Rudolf Mauersberger (1930–1971) begründete den Weltruhm des Chores und prägte sein Klangbild entscheidend. Er stellte neben die Pflege der alten Chormusik – mit Heinrich Schütz als Mittelpunkt – die neuen Meister in schier unübersehbarer Zahl, führte die Kruzianer in mehrere europäische Länder und nach Amerika, produzierte Aufnahmen für Rundfunk, Fernsehen und Schallplatten und komponierte selbst vom Volkslied bis zur großen vokalsinfonischen Form «maßgerecht» für die Kehlen seiner Jungens. Er war es auch, der den Kreuzchor mit unbeschreiblicher Tatkraft und Liebe wieder aufbaute, als das Inferno von 1945 Kreuzkirche und Alumnat in Schutt und Asche gelegt hatte. Martin Flämig (1971–1991), der sich vor allem der Chorsinfonik verpflichtet fühlte, erweiterte den Chor auf 150 Mitglieder und machte ihn durch Gastspiele bis nach Japan

Links: Heinrich Schütz (1585–1672), der Ahnherr der musica viva, übernahm 1617 das Amt des Hofkapellmeisters in Dresden, das er 55 Jahre innehatte.
Rechts: Auch Johann Sebastian Bach (1685–1750), seines Zeichens Thomaskantor in Leipzig, komponierte für den Kurfürsten in Dresden.

international präsent. 1991, dem Jahr, da mit Gottesdiensten und Konzerten das 775jährige Jubiläum gefeiert wurde, trat Gothard Stier als neuer Kantor an die Spitze.

Bedeutende musikalische Persönlichkeiten sind aus den Reihen der Kreuzschüler und Kruzianer hervorgegangen: Von dem ersten Kapellmeister der Berliner Hofoper Carl Heinrich Graun, dem Leipziger Thomaskantor und ersten Gewandhauskapellmeister Johann Adam Hiller, dem Berliner Komponisten, Dirigenten und Musikschriftsteller Johann Friedrich Reichardt, den Dresdner Hofkapellmeistern Johann Gottlieb Naumann und Richard Wagner bis in die Gegenwart zu den Sängern Theo Adam, Peter Schreier und dem Komponisten, Dirigenten und Intendanten Udo Zimmermann. Sie alle haben ebenso wie die Schar namenlos gebliebener Sängerknaben durch die Jahrhunderte zur – um ein Wort Johann Sebastian Bachs zu verwenden – «Ehre Gottes und Recreation des Gemüths» musiziert.

Die Hofkapelle und die Oper

Obgleich bisher von bedeutenden Aktivitäten berichtet worden ist und gewichtige historische Entwicklungen aufgezeigt werden konnten, muß doch festgehalten werden, daß Grundlage und Glanz der Musikstadt Dresden der Kunstliebe der Wettiner zu verdanken ist. Bei ihnen spielte die Musik stets eine bevorzugte Rolle, nicht nur im Dienste der Repräsentation, sondern auch im persönlichen Umfeld: Etliche Mitglieder des Fürstenhauses musizierten und komponierten selbst recht respektabel, und immer wieder nahmen sie mit Sachverstand und finanzieller Förderung Einfluß auf das musikalische Geschehen und dessen Fortwirken.

Auch wenn zuverlässige Nachrichten aus der Frühzeit des Hauses Wettin bisher nur spärlich verfügbar sind, weiß man doch immerhin, daß um 1210 Walther von der Vogelweide, in den Jahrzehnten danach auch Tannhäuser, Reinmar von Zweter und Heinrich

Links: Robert Schumann (1810–1856) zog es 1844 nach Dresden. Hier leitete er die Liedertafel und gründete 1847 den Verein für Chorgesang. Rechts: Carl Maria von Weber (1786–1826) wirkte in der Elbmetropole ab 1817 als erster Kapellmeister der neugegründeten Deutschen Oper in Dresden.

Frauenlob, von Geburt übrigens Meißner, hier als Gäste weilten, und Heinrich III., der seit 1276 ständig in Dresden residierte, war Minnesänger und Schöpfer geistlicher Musik. Im letzten Drittel des 14. Jahrhunderts finden – erster Beweis festangestellter Hofmusiker – «fistulatores», «vigellatores» und «tympanatores» (Pfeifer, Fiedler und Pauker) in den Akten Erwähnung. Für 1470/71 sind fünf Pfeifer und sechs Trompeter bezeugt, und für die 1477 in der Schloßkirche erstellte Orgel wird es einen Organisten gegeben haben. Neueste Forschungen lassen den Schluß zu, daß Anfang der 1480er Jahre auch besoldete Sänger wirksam gewesen sind. Einer ernestinisch-kursächsischen Hofkantorei, die 1527 aufgelöst worden ist, gehörten zeitweise Meister wie Heinrich Isaac und Paul Hofhaimer an.

Am 22. September 1548 unterzeichnete Moritz von Sachsen mit der «Cantorei Ordnung» die Geburtsurkunde der sächsischen Hof- und heutigen Staatskapelle, aus der sich auch der Ursprung der Dresdner Kapellknaben, die in der Kathedrale, der ehemaligen Katholischen Hofkirche, singen, ableitet. Zunächst bestand das Ensemble nur aus zwanzig Sängern und einem Organisten, nach kürzester Frist jedoch kamen Instrumentalisten hinzu, und schon um 1600 zählte man über vierzig singende und spielende Mitglieder, darunter Musici auf Violinen, Gamben, Flöten, Schalmeien, Hörnern, Dulcianen, Zinken, Trompeten, Posaunen, Pauken, Lauten und Orgeln. Zweck der Gründung war die Ausrichtung einer der Bedeutung des Hofes angemessenen Musikausübung, zunächst vor allem in der Kirche, aber auch an der Tafel und zunehmend bei der Ausgestaltung und Umrahmung verschiedenartigster Festivitäten: Geburtstage, Taufen, Hochzeiten, Fürstentreffen, schließlich Turniere, Ringrennen, Wasserspiele, Bärenhatzen und der berühmten «Inventionen», das waren aufwendige Umzüge, die Theater, Pantomime, Tanz, Jagden und Feuerwerk einbezogen. Im Karneval 1553 bereits registrierte man, daß «die Kantorei … ganz lieblich und ziemlich gesungen und auf Instrumenten geschlagen» habe. Von Anfang an übrigens gab es einen «Praeceptor», einen für den musikalischen

Nachwuchs Verantwortlichen: Ursprung einer Entwicklung, auf die die Gründung des ersten Dresdner Konservatoriums durch einen Kapellmusiker 1856 und das Bestehen der heutigen Musikhochschule zurückgeht.

Der erste Kapellmeister war der «Sengermeister» Johann Walter, ein Freund Luthers. Daß nach ihm bald prominente Männer aus Italien, wie Antonio Scandello, den Niederlanden, wie Mattheus le Maistre, und Deutschland, wie Michael Praetorius, an die Spitze traten, unterstreicht, wie frühzeitig Dresden ein Sammel- und Schnittpunkt europäischer Kultur wurde und Impulse verschiedenster Art aufzunehmen, zu verarbeiten und in der Synthese anregend weiterzuvermitteln vermochte. Im 18. Jahrhundert kam dann zur Nord-Süd-Achse mit Franzosen und Tschechen auch eine Ost-West-Achse hinzu.

Das 17. Jahrhundert stand ganz im Zeichen von Heinrich Schütz. «Der ausgezeichnetste Musiker seines Jahrhunderts» – so lautete verdeutscht die Grabinschrift in der alten Frauenkirche – begründete den europäischen Ruhm der Kapelle, die sich nach wie vor als Einheit von Instrumentalisten und Vokalisten verstand, und prägte sie von 1615 bis 1672 durch die Kraft seiner Persönlichkeit und die Einzigartigkeit seines Schaffens. Und in den furchtbaren Jahren des Dreißigjährigen Krieges wurde er zum «Vater der Kapelle», der mit kühnen Eingaben an den Kurfürsten um ihren Bestand stritt und die soziale Not seiner Musiker, zum Teil sogar mit persönlichen Opfern, zu mildern suchte. Durch Heinrich Schütz und seine 1627 uraufgeführte «Dafne» wurde die Dresdner Hofkapelle zum ältesten deutschen Opernorchester. Während seiner Amtszeit, 1667, öffnete das erste Dresdner Opernhaus, mit 2000 Plätzen am Taschenberg gelegen, seine Pforten. Zu dieser Zeit allerdings beherrschten bereits die Italiener die Szene – 1651 war in dem Komponisten, Musiktheoretiker und Theaterarchitekten Giovanni Andrea Bontempi zugleich der erste Kastrat aus dem Süden an die Elbe gekommen –, und dieser «Gusto» sollte weit länger als 150 Jahre die Führung behaupten.

Erste internationale Triumphe feierte die italienische Oper in Dresden 1719 anläßlich der Hochzeit des sächsischen Prinzen mit der österreichischen Erzherzogin, als Antonio Lotti Kapellmeister war. Sogar Georg Friedrich Händel kam extra aus London angereist, um zu erleben, was sich da in Matthäus Daniel Pöppelmanns neuem Opernhaus am Zwinger, einem der größten und prunkvollsten der Zeit, ereignete. «Wenn Senesino und Berselli singen, Lotti aber die Tonweise setzet, so hört man Alles, was die Musik Schönes und Zärtliches hat. Das ganze Orchester ist dabei mit den besten Instrumenten erfüllet», berichtete ein holländischer Gast.

August der Starke hatte 1697 durch eine Kapellreform den Grundstein für einen glänzenden Aufschwung des Orchesters gelegt, nach der jedes Mitglied nicht mehr wie bisher mehrere, sondern nur noch ein Instrument spielen mußte. Deshalb saßen bald an allen Pulten «Spezialisten», die weit über Deutschland hinaus zu den besten Vertretern ihres Faches gehörten, wie zum Beispiel der berühmte Geiger und Vivaldi-Schüler Johann Georg Pisendel. «Keine Kapelle in Europa konnte so viele Virtuosen aufweisen wie damals die königl. Polnische und churfürstlich Sächsische in Dresden», schrieb Johann Adam Hiller über das Orchester der Ära Hasse, die die Residenz zu einem europäischen Zentrum glanzvoller musikalischer Ereignisse machte. Jean Jacques Rousseau gehörte zu denjenigen, die auch international – in seinem «Dictionnaire de musique» – darauf Bezug nahmen.

Johann Adolf Hasse, von 1733 bis 1763 Hofkapellmeister, war das Idol eines Zeitalters, indem er – der «caro Sassone» (der liebe Sachse) – auf dem Gebiet der vorherrschenden «Opera seria», aber auch in der Musik für die Kirche – seit 1751 in Chiaveris wunderbarem Bau – und für die Kammer seine Musizierhaltung aus dramatischem Feuer, erfühlter Empfindsamkeit, formaler Klarheit und Bravour mit höchstmöglicher Perfektion verwirklichte. Eine glänzende Sängerschar, angeführt von seiner Gattin Faustina Bordoni, stand ihm zur Verfügung. Auch das dekorative Element erlebte eine enorme Steigerung: In Hasses «Ezio» von 1754 gab es Wasserfälle auf der Bühne und mehr als 400 Menschen und 100 Pferde!

Dresden wurde für Richard Strauss zum Ort vieler Triumphe. Der «Rosenkavalier» erlebte hier 1911 seine Uraufführung. Die brillante Charakterzeichnung der Texte Hugo von Hofmannsthals wurde in den Kostümfigurinen von Alfred Roller umgesetzt.

Links oben: Gruppenfoto nach der Uraufführung von Richard Strauss' Einakter «Salome» nach Oscar Wilde im Jahre 1905 in Dresden.
Links unten: Die leidenschaftliche Musik begeisterte das Dresdner Premierenpublikum. Szenenfoto mit Marie Wittich in der Titelpartie, Karl Burian als Herodes und Irene von Chavanne als Herodias.

Rechte Seite (von oben links nach unten rechts): Von 1843 bis 1849 währte die Ära Richard Wagners (1813–1883) als Hofkapellmeister in Dresden. – Richard Strauss (1864–1949) auf einem Foto von 1934. – Dirigenten wie Fritz Busch (1890–1951) bestimmten das Geschick der Dresdner Staatsoper über lange Jahre hinweg (im unteren Bild, Mitte, stehend). – Auch Karl Elmendorff (1891–1962) und sein Vorgänger Karl Böhm (1894–1981) leisteten in dieser Position Großartiges.

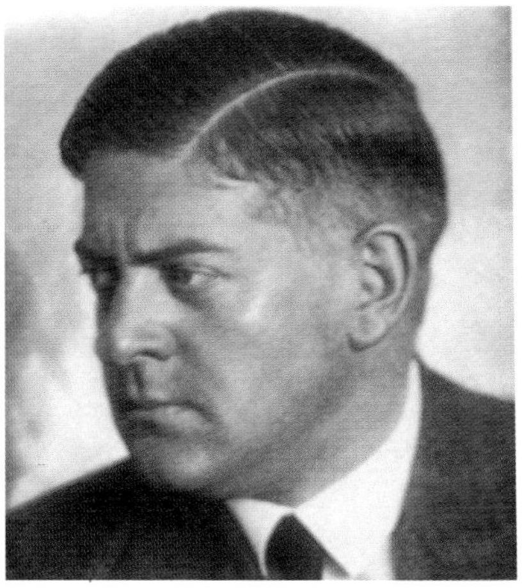

Ein Bühnenbildentwurf von Adolf Mahnke zur Uraufführung von «Intermezzo», Dresden 1924. Richard Strauss hatte dieses Werk nicht nur komponiert, sondern auch den Text geschrieben.

Namen von Weltrang

Johann Sebastian Bach, der die «Dresdner Liederchen» in der Oper gern anhörte, erkannte offenbar in Dresden seinen künstlerischen Bezugspunkt und Maßstab, und er bewarb sich mit «Kyrie» und «Gloria» der h-Moll-Messe um den Titel «Compositeur bey der Königl. Hof Capelle», der ihm schließlich 1736 verliehen wurde. Er spielte auch auf den einzigartigen (1945 vernichteten) Silbermann-Orgeln der Frauen- und der Sophienkirche; in der letztgenannten war sein Sohn Wilhelm Friedemann jahrelang Organist.

Der nächste herausragende Gipfel in der weiten Landschaft der Dresdner Opern- und Kapellgeschichte war Carl Maria von Weber, den man 1817 als Musikdirektor der neu eingerichteten deutschen Oper verpflichtet hatte und der bis zu seinem Tode 1826 hier wirkte. Er brachte das Orchester auf eine Höhe, die folgende Eintragung in einem Beethovenschen Konversationsheft veranlaßte: «... man hört allgemein, daß die Hofkapelle in Dresden die beste in Europa sey.» Wenn der Klang der Staatskapelle bis heute immer wieder als «romantisch» apostrophiert wird, dürfte der Ursprung in dieser künstlerisch intensiven und menschlich harmonischen Begegnung mit Weber zu finden sein. Während seiner Dresdner Jahre krönte er sein kompositorisches Werk mit «Freischütz», «Euryanthe» und «Oberon», aber er schrieb auch die volkstümliche «Aufforderung zum Tanz» und soll sie erstmals in der Gaststube der seinem Sommerhaus in Hosterwitz nahegelegenen Keppmühle gespielt haben. In den mehr als siebzig Operneinstudierungen, für die er einen feststehenden Opernchor gründete, fühlte er sich als «die wirkliche Seele des Ganzen»; seine Wirkung auf die «Kunst liebenden Bewohner Dresdens» war außerordentlich.

«Nicht Kaiser und nicht König will ich sein, aber so dastehen und dirigieren», hatte der Kreuzschüler Richard Wagner beim Anblick Webers in der Oper ausgerufen. Von 1843 bis 1849 kam er als dessen legitimer Nachfolger in die Elbestadt. Mit der Uraufführung des «Rienzi» – schon im ersten Semperbau von 1841 –, der schnell die des «Fliegenden Holländer» und des «Tannhäuser» folgten, konnte Dresden seinem Schaffen den Weg bereiten helfen. Er selbst hat durch sein dirigentisches Ausdrucksvermögen, seine Gestaltungskraft, seinen Arbeitsenthusiasmus wiederum die Kapelle, die er «das kostbarste und vollkommenste Institut des Vaterlandes» nannte, und das Sängerensemble, das von solchen Ausnahmepersönlichkeiten wie Wilhelmine Schröder-Devrient und Joseph Tichatschek angeführt wurde, entscheidend geprägt.

Wagners Reformideen bezogen unter anderem den Spielplan, die Aufführungsqualität, die soziale Lage der Künstler, die Förderung neuer Werke, den Bau eines Konzerthauses und die Ausbildung der Jugend ein. Als seine Pläne im System «der Hofräte und Esel» kein Gehör fanden, ging er 1849 damit auf die Barrikaden und mußte, steckbrieflich verfolgt, Dresden über Nacht verlassen. Nicht ohne Erfolg hatte er sich bemüht, die öffentliche Konzerttätigkeit des Orchesters durch Abonnementskonzerte in geordnete Bahnen zu lenken. Die seit 1827 bestehenden, Wohltätigkeitszwecken dienenden Palmsonntagskonzerte prägte er mit einer epochemachenden Aufführung von Beethovens «Neunter»: Bis heute erklingt die Sinfonie alljährlich an diesem Sonntag vor Ostern. Wagner nahm nicht nur manches Konzept für spätere Werke aus seiner Dresdner Zeit mit in die Zukunft, auch der Klang des Orchesters blieb ihm im Ohr: «Keine Lohengrin-Partitur ohne den Schimmer der Dresdner Geigen, kein spätes Werk ohne die Erinnerung an rührende Holzbläser-Kantilenen und sonore Pracht des Blechs ...»

Etwa gleichzeitig mit Wagner, von 1844 bis 1850, lebte auch Robert Schumann in Dresden. Beide verstanden sich kaum: Wagner redete Schumann zu viel, Schumann dagegen war Wagner zu schweigsam. Wagner bestieg die Barrikaden, Schumann zog sich, obgleich Revolutionsmusik komponierend, ins ruhige, abgelegene Kreischa zurück. Wagner schwelgte von seinem Orchester als von der «Wunderharfe», für Schumann war mit ihm «nichts anzufangen» (trotzdem dirigierte er bei ihm die Uraufführung von Teilen seiner «Faust-Szenen»). Aber die Dresdner Jahre blieben Schumanns kompositorisch fruchtbarsten, und die Gründung des Vereins für Chorgesang durch ihn hinterließ auf Jahrzehnte Spuren im Musikleben der Stadt.

Ernst von Schuch war von 1872 bis 1914 Kapellmeister und schließlich Generalmusikdirektor. Er trug den Ruhm der Dresdner Hofoper und -kapelle ins 20. Jahrhundert, öffnete das von Weber und Wagner (letzterer nannte ihn, sächselnd, den «einzigen Schuch», der ihn nicht drücke) geprägte Klangbild und Leistungsvermögen dem fähigsten Meister der sinfonischen Dichtung und der Opernbühne um die Jahrhundertwende, Richard Strauss, und gab so der Interpretationskunst den modernen, zukunftsweisenden Zuschnitt. Der Dirigent – Puccini nannte ihn den «maître incomparable» – hatte alles im Griff: von der Soloprobe bis zur Aufführung, vom Zustand der Dekoration bis zum Kartenverkauf – ein universaler Theatermann. Setzte Schuch in den Konzerten das Neueste von Bruckner und Mahler bis Skrjabin und Debussy an, so gab er in der Oper mit einem legendären Sängerensemble neben hundert Erst- auch etwa fünfzig Uraufführungen. Die glanzvollsten – nun im 1878 eröffneten zweiten Semperbau – wurden Weltereignisse: «Salome», «Elektra» und «Der Rosenkavalier».

Überhaupt verdient die mehr als sechzig Jahre während Freundschaft zwischen Richard Strauss und seinen «Dräsdnern», wie er sie liebevoll-ironisch nannte, herausgehobene Erwähnung. Als 17jähriger kam er erstmals, um im Tonkünstler-Verein von Kapellmusikern seine Bläserserenade uraufführen zu lassen, 1944 überließ er diesem Hort der Kammermusik seine altersweise «Werkstatt eines Invaliden». Dazwischen lagen neun Opernuraufführungen, viele Dirigate, die Zueignung der «Alpensinfonie». 1948 bekundete er «dem Meisterorchester» zu dessen 400. Geburtstag seine «Gefühle innigster Dankbarkeit und Bewunderung».

Das Vermächtnis Schuchs nahm 1922 Fritz Busch in seine fähigen Hände, willens, den Weltruf von Dresdens Oper und Kapelle zu wahren und zu mehren. War sein Vorgänger noch der Meinung gewesen, wer seine Künstlerschar hören möchte, der möge gefälligst nach Dresden kommen, so begründete Busch, dem Trend der Zeit folgend, die Tourneepraxis modernen Stils für Oper und Kapelle. Er stellte erste Verbindungen zu Schallplatte und Film her. Seine Repertoiregestaltung war ein Beispiel für die sinnvolle Verbindung von Erbepflege mit dem Neuesten. Buschs Vertreibung vom Pult der Semperoper im März 1933 durch randalierende SA-Leute markiert einen der dunkelsten Tage in der Geschichte des Instituts.

Sein Nachfolger Karl Böhm, ein Dirigent von vitaler Musizierhaltung, klassischem Formempfinden und klanglicher Sensibilität, vermochte die Leistungshöhe zu halten. Die Staatskapelle war ihm bis in die letzten Monate seines Lebens verbunden; das Zusammenwirken lebt in vielen Aufnahmen fort. Das Sängerensemble der Busch- und Böhm-Zeit mit Meta Seinemeyer, Tino Pattiera, Elfriede Trötschel, Maria Cebotari, Margarete Teschemacher, Tiana Lemnitz, Kurt Böhme und vielen anderen suchte seinesgleichen in Deutschland.

Es ist bezeichnend, daß die Dresdner Kapelle, zusammen mit der Oper, ausgesprochene Krisenzeiten wie den Dreißigjährigen Krieg, den Siebenjährigen Krieg oder die bedrohlichen Wirren um die Befreiungskriege 1813 unbeschadet überstehen konnte und ihre Existenz von der Gründung an ununterbrochen garantiert war. So bedeuteten auch die Schließung der Oper 1944 wegen des «totalen Krieges» – letzte Vorstellung am 31. August war «Der Freischütz» – und die Bombardierung der Heimatstadt im Februar 1945 nicht das Aus. Das Orchester wurde evakuiert und in Kurbädern unter den Schutz des Roten Kreuzes gestellt. Am 18. Juli 1945 spielte es wieder im Konzert, am 10. August traf es sich mit dem zurückgekehrten Sängerensemble zur ersten Nachkriegspremiere, Mozarts «Figaro». Vorerst blieb man auf räumliche Provisorien beschränkt, 1948 zog man ins wiedererstandene Schauspielhaus ein. Joseph Keilberth, Rudolf Kempe, Franz Konwitschny sicherten als Generalmusikdirektoren hohe Qualität der Aufführungen. Zu den weiteren Chefdirigenten, die den verpflichtenden Ruf während der folgenden Jahre wahrten, gehörten Otmar Suitner, Kurt Sanderling, Herbert Blomstedt und Hans Vonk. Mit den letztgenannten zogen Staatskapelle und Staatsoper vierzig Jahre nach der Zerstörung wieder in die in altem Glanze neuerstandene Semperoper ein – ein Wunschtraum war in Erfüllung gegangen. Das Eröffnungsprogramm mit Webers «Freischütz» und Strauss' «Rosenkavalier» sowie mit zwei Uraufführungen von Siegfried Matthus und Udo Zimmermann dokumentierte die Lebendigkeit einer Tradition, die Besucher aus aller Welt anzieht. Oper, sinfonische und Kammermusik in diesem Hause zu gestalten und zu erleben, die Einheit von Architektur, Klang und Szene nachzuvollziehen, gehört zu den unvergeßlichen Eindrücken der Besucher Dresdens und auch der Interpreten selbst. Von hier aus nimmt nun auch die Sächsische Staatskapelle Dresden, wie sie nach der Gründung des Freistaats Sachsen wieder heißt, ihren Weg in die Welt – als gefragtes Tourneeorchester oder mit ihren Schallplattenaufnahmen. Schon immer lockte der Klangkörper gastierende Künstler an: früher – um nur wenige Namen zu nennen – Beethoven, Mendelssohn, Berlioz, Liszt, Brahms, Strawinsky, später Kleiber, Karajan, Jochum, Markewitsch, heute Sir Colin Davis, Bernard Haitink, James Levine, Seiji Ozawa, Lorin Maazel, André Previn und – als Chefdirigent der neunziger Jahre – Giuseppe Sinopoli.

Gerhart Hauptmann schrieb einst: «Von Dresden aus, von seiner köstlich gleichmäßigen Kunstpflege in Musik und Wort, sind herrliche Ströme in die Welt geflossen.» Wir nehmen diese rückblickenden, anerkennenden Worte dankbar an, meinen aber heute: «Es ist eine Zeit, in der sich Neues an Neues drängt.» Nur: Dieser Ausspruch ist, mit Verlaub, auch schon wieder etwa 180 Jahre alt, denn er stammt von E. T. A. Hoffmann. So fühlen wir erneut, daß es wohl doch seine Richtigkeit hat: Hier sind Vergangenheit und Gegenwart im Einklang!

Blick von der Brühlschen Terrasse auf die Hofkirche (links) und die Semperoper.

Folgende Doppelseite: Eines der letzten großen Bauwerke des römischen Barocks in Europa: die ehemalige katholische Hofkirche am Theaterplatz.

Eine Eigentümlichkeit der Hofkirche stellt der doppelgeschossige Prozessionsumgang zwischen Haupt- und Seitenschiff dar. Das katholische Herrscherhaus konnte Prozessionen nicht auf den Straßen des überwiegend protestantischen Dresdens abhalten, sie mußten im Inneren der Kirche stattfinden.

Der römische Baumeister Chiaveri entwarf nicht nur den Bau, sondern auch die Innenausstattung der Hofkirche. Seine Pläne wurden jedoch nie realisiert. Vielmehr wirkten verschiedenste Künstler, über einen Zeitraum von 40 Jahren hinweg, an der Vollendung mit. Zu den bedeutendsten Werken gehört die Kanzel des Bildhauers Permoser.

Das letzte Werk (1753) von Gottfried Silbermann, der einer berühmten Orgelbauerfamilie aus dem Erzgebirge entstammte, ist die Orgel in der Hofkirche.

Folgende Doppelseite: Weithin sichtbar stehen auf einer umlaufenden Balustrade der Hofkirche überlebensgroße Heiligenfiguren; ein Übergang verbindet die Kirche mit dem Schloß.

Eine der Skulpturengruppen der vier Tageszeiten, die Johannes Schilling 1863 bis 1868 für die Treppenanlage, die von der Hofkirche auf die Brühlsche Terrasse führt, schuf.

Dieter Zumpe

Auf der Bühne und hinter den Kulissen

Die Rolle des Theaters

Hartnäckig hat sich durch die Jahrhunderte hindurch die Behauptung gehalten, Dresden sei ausschließlich *die* Musikstadt nördlich der Alpen. Angesichts der verschwenderischen Fülle an Orchestern, Chören und der hier heimischen Künstler ist dem nur schwer zu widersprechen, und doch hat gerade in den letzten Jahren das Schauspiel von sich reden gemacht wie kaum eine andere Kunst in dieser von den Musen so begünstigten Stadt.

Die glanzvolle Wiedereröffnung der Semperoper 1985, die mit der Herauslösung des Dresdner Staatsschauspiels aus dem Dreispartenbetrieb Oper – Ballett – Schauspiel einherging, tat erstaunlicherweise dem Haus an der Ostra-Allee keinen Abbruch. Im Gegenteil: Die Leute drängten wegen des in DDR-Zeiten politisch brisanten Spielplans an die Kassen. Aber auch während aufsehenerregender Gastspielreisen nach Westdeutschland und zu den Wiener Festwochen überzeugten die Dresdner Theaterleute das Publikum mit ihrer Kunst.

Das Geheimnis dieser Erfolge war erkennbar: Die Auswahl der Stücke und Autoren – Zeitgenossen wie Klassiker – war so getroffen, daß mit der Interpretation durch die Künstler die Befindlichkeit des Zuschauers berührt wurde. Dramen mit großem historischen Atem wie Friedrich Hebbels Trilogie «Die Nibelungen», die schuldhaftes Versagen vor der Geschichte hinterfragt, fanden ebenso begeistertes Echo wie Heiner Müllers in den fünfziger Jahren im Osten Deutschlands spielendes Stück «Die Umsiedlerin oder Das Leben auf dem Lande», in dem die Zwangskollektivierung der Bauern volksstückhaft in Bilder umgesetzt ist. Und als gar Stücke in den Spielplan aufgenommen wurden, die andernorts von den SED-Machthabern verhindert wurden, strömte man scharenweise nach Dresden. Christoph Heins «Die Ritter der Tafelrunde» wurde als treffende Parabel auf die Agonie des Systems und die Herrschaft der Betonköpfe verstanden; ebenso fand Volker Brauns Drama «Die Übergangsgesellschaft» wegen seines entlarvenden Grundtons lebhafte Resonanz. Der Einwand, daß das nunmehr alles der Vergangenheit angehöre, mag berechtigt sein, doch Theater in Zeiten einschneidender gesellschaftlicher Veränderungen kann gar nicht anspruchsvoll genug sein, um die Leute aus ihren Stuben zu locken. Dieses überzeugende dramaturgische Konzept gilt es nun auch für die nächste Zeit zu praktizieren …

Die Schauspielkunst

Doch tauchen wir zunächst in die Vergangenheit ein, um die Anfänge der Schauspielkunst in Dresden aufzuspüren. Erste überlieferte Zeugnisse stammen vom Ausgang des 16. Jahrhunderts, als englische Komödianten auf Empfehlung des brandenburgischen Kurfürsten am Dresdner Hof gastierten. In Eigenbearbeitung und dementsprechend grobschlächtig führten sie die Stücke Shakespeares und die seiner Vorgänger auf. So fand 1626 die deutsche Erstaufführung von «Der bestrafte Brudermord oder Prinz Hamlet von Dänemark» statt.

Die schrecklichen Auswirkungen des Dreißigjährigen Krieges unterbanden dann vorerst weiteres Theaterspielen. Zwar gab es seit 1667 ein Opernhaus auf dem Taschenberg, aber es war nur für die musikalischen Künste wie Oper und Ballett vorgesehen. Die Wandertruppen der Komödianten durften weiterhin nur in den Vorstädten zur Belustigung des Volkes spielen. Mit einer Ausnahme: 1685 wurde die «berühmte Bande» des Magister Velten durch kurfürstliches Dekret an den Hof verpflichtet und hatte sich gleich den Bediensteten zur Verfügung zu halten. Johannes Velten verließ in zunehmendem Maße die ausgetretenen Pfade des Stegreifspiels und der derben Possen. Indem er Stücke von Molière und Corneille ins Deutsche übersetzte und aufführte, kam er dem höfischen Geschmack am Französischen entgegen. Allerdings erlosch mit dem Tod des kunstsinnigen Kurfürsten Johann Georg III. 1691 auch die Gunst für Veltens Truppe – sie wurde entlassen und in ihr unstetes Wanderdasein zurückgeworfen.

Nur wenige Jahre sollten vergehen, bis wiederum ein Stern am Himmel der Komödianten aufging. Die aus dem vogtländischen Reichenbach stammende Caroline Neuber (1697–1760) war nicht nur eine überaus talentierte Schauspielerin, die gemeinsam mit ihrem Mann schon bald zur besten Truppe, der Haak-Hoffmannschen-Polnisch-Sächsischen-Komödiengesellschaft, stieß. Sie versuchte auch mit Unternehmungsgeist – und mit Unterstützung des Leipziger Literaturprofessors Gottsched – die platte Theaterkunst im Sinne des regelstrengen französischen Klassizismus zu reformieren. «Die Mühe, so zur Verbesserung des Geschmacks aufgewendet wird, scheint nicht vergebens zu sein», teilt Johann Neuber aufgrund der in Hamburg gemachten Erfahrungen Gottsched mit. Höhepunkt der gemeinsamen Anstrengung war 1737 die Verbannung des Harlekins als Inbegriff des volkstümlichen Stegreifspiels in einem symbolischen Akt von der Bühne.

Leider blieb der Neuberin trotz all ihrer Bemühungen die ersehnte gesellschaftliche Anerkennung in Dresden versagt. Zum von Pöppelmann erbauten Hoftheater bekamen die Schauspieler keinen Zutritt – noch immer dominierte am Hof Augusts des Starken die Vorliebe für die Oper und pompöse Festlichkeiten. Doch 1747 erlebte die Neuberin noch einmal eine Sternstunde, als sie Lessings Jugendwerk «Der junge Gelehrte» aufführte. Krank und einsam starb sie 1760 in Dresden-Laubegast. Ein schlichtes Denkmal erinnert an die Vorkämpferin für die Entwicklung des deutschen Schauspiels.

Erst seit Mitte der siebziger Jahre des 18. Jahrhunderts bürgerte sich ein, daß man im sogenannten Kleinen Hoftheater, dem Moretti-Bau, öffentliche Vorstellungen für zahlende Besucher gab: Die Billette für französische Stücke kosteten bis zu zwanzig Groschen – für deutsche nur vier bis zwölf Groschen ... Hier spielte die damals bekannte Truppe von Gottfried Heinrich Koch, die von der Neuberin und Konrad Ekhof maßgeblich beeinflußt war. Aber auch Koch blieb ein stetiger Erfolg versagt, obwohl er sich mit Stücken von Goldoni, Molière, Gellert, Lessing und anderen um ein anspruchsvolles Repertoire bemühte. 1774 wurde Lessings «Minna von Barnhelm» aufgeführt.

Ein Jahr später versuchte Abel Seyler, der später an das Mannheimer Nationaltheater ging, sich in Dresden niederzulassen, und eröffnete das Theater am Linckeschen Bade. Bitter resümiert er: «Es ist unläugbar und durch vielfältige Erfahrung bestätigt, dass zur Vervollkommnung einer Schauspielergesellschaft ein dauerhafter Aufenthalt so nothwendig, wie nützlich sei.»

Mehr Glück dagegen schienen die ihm nachfolgenden Italiener zu haben: Pasquale Bondini und Franz Seconda gelang es immerhin, den Titel «Kurfürstlich-Sächsisch-Privilegierte-Schauspieler» zu führen. Kopf des Unternehmens war der Schauspieler Johann Friedrich Reinecke, der als Regisseur bemüht war, die «Einheit des Ensembles» anzustreben, wie Robert Prölß in der «Geschichte des Hoftheaters zu Dresden» schreibt.

Aufgeführt wurden die Tragödien Shakespeares, wobei sich Reinecke selbst als hervorragender Hauptdarsteller erwies, und die Stücke des Sachsen Lessing. Im Jahr der Uraufführung spielt man auch in Dresden Schillers «Räuber», jedoch bestimmend für den Spielplan werden weder vorerst er noch Goethe oder Kleist. Die Dresdner «Kuchenfresser» mit «ihrem schlechten dünnen Kaffee alle Morgen», wie Robert Prutz abschätzig bemerkt, bevorzugten die seichte Kost der Vielschreiber Iffland, Kotzebue, Vulpius und anderer Autoren, die heute niemand mehr kennt.

Erst mit den Befreiungskriegen gegen Napoleon und dem damit einhergehenden nationalen Aufschwung, der zugleich den Gedanken an ein Nationaltheater wieder aufkommen ließ, war auch eine Belebung der Dresdner Theaterszene erkennbar.

Der in Sachsen eingesetzte russische Generalgouverneur Repnin-Wolkonski löste das bestehende Hoftheater auf und wandelte es um in ein Staatstheater unter einheitlicher kommissarischer Leitung. Doch der 1915 zurückgekehrte König hatte nichts Eiligeres zu tun, als das Theater wieder an den Hof zu binden. Auf Goethes «Egmont» folgten «Götz von Berlichingen» und «Clavigo»; Stücke von Schiller, Lessing, Grillparzer, Kleist und Calderón schlossen sich an. Unter der Generalintendanz so bedeutender künstlerisch aufgeschlossener Persönlichkeiten wie Graf Vitzthum von Eckstädt und Hofmarschall von Lüttichau wurden berühmte Mimen für das Theater gewonnen und Ludwig Tieck, einer der bedeutenden Dichter der Romantik, als erster Dramaturg überhaupt 1824 herangezogen. Tiecks Auffassungen prallten hart mit der alteingefahrenen Bühnenpraxis zusammen. Er wandte sich vor allem gegen das überzogene Deklamieren und nahm Einfluß auf die Zusammenstellung des Spielplans. Enttäuscht von den Dresdner Verhältnissen wechselte er 1842 nach Berlin über. Seine Verdienste setzten dennoch Maßstäbe: Goethes «Faust» zu des Dichters 80. Geburtstag, die Aufführung des «Prinz von Homburg» des damals noch unbekannten Heinrich von Kleist und die Inszenierung von elf Shakespeare-Dramen in der Übersetzung von Wolf Graf von Baudissin und Dorothea Tieck gehen auf seine Initiative zurück. Der ihm im Amt folgende Dramaturg Karl Gutzkow verfocht als führender Autor des «Jungen Deutschland», einer demokratischen Bewegung, noch konsequenter die Reformierung des Theaters – kein Wunder, daß man ihn bereits nach zwei Jahren wieder entließ.

Erklärte Lieblinge des Dresdner Publikums waren zu dieser Zeit der 1844 als Schauspieler und Oberregisseur engagierte Eduard Devrient und sein Bruder, der «göttliche» Emil, der als Stargast ganz Deutschland bereiste und sogar in London Triumphe feierte. In seiner Doppelbegabung als Sänger und Schauspieler wurde er von vielen nachgeahmt, aber niemals erreicht.

Als Emil Devrient in der Rolle des Tasso 1868 von der Bühne abtrat, hatte er es nicht nur zu Ansehen sondern auch zu Reichtum gebracht. Ebenbürtige Partnerinnen dieses legendären Virtuosen waren Franziska Berg und Marie Bayer-Bürck. Die Berg war die erste Ophelia in Schlegel-Tiecks Fassung des «Hamlet» und arbeitete sich von den jugendlichen Liebhaberinnen zu den weiblichen Charakterrollen vor. 58 Jahre blieb sie dem Dresdner Theater treu. Als vollendetes Pendant zu Devrient nennt Prölß in seiner «Geschichte des Hoftheaters» die Schauspielerin Bayer-Bürck, die «alle seine Vorzüge» besaß, «ohne doch seine späteren Schwächen zu teilen.»

Noch ein Name aus der berühmten Ahnengalerie des Schauspiels muß genannt werden: Bogumil Dawison, ein hochgebildeter aus Polen stammender Mann, der es auf mehr als 550 Rollen in seinem Leben brachte. Als er sein Engagement 1854 in Dresden antrat, war ihm der Ruf eines anerkannten Charakterdarstellers vom Wiener Burgtheater vorausgeeilt. In ständigem Zwist mit Kollegen, insbesondere mit dem rivalisierenden Emil Devrient, verließ er nach zehn Jahren Dresden wieder, um sich von nun an als «selbstschöpferisch gestaltende Kraft» auf Reisen bis in die USA feiern zu lassen.

Regisseure und Konzepte

Hatte die Schauspielkunst in Dresden durch glanzvolles Virtuosentum hinzugewonnen, so blieb es den Meiningern unter ihrem «Theaterherzog» Georg II. vorbehalten, Reformen auf dem Gebiet der Regie durchzusetzen, wie sie Tieck und Gutzkow nur erträumt haben konnten. Als die Meininger 1876 in der sächsischen Residenz gastierten, gaben sie den erstaunten Zuschauern Proben ihres Könnens und präsentierten ein künstlerisch überzeugendes Ensemblespiel, das nicht nur auf Werktreue bedacht, sondern auch in der ästhetischen Präsentation beispielhaft war. Wesentliche Attribute, wie Bühnenbild und

Oben links: Viele Jahre weilte die berühmte Schauspielerin und Theaterleiterin Friederike Caroline Neuber (1697–1760) in Dresden, hier im Kostüm der Elisabeth in «Essex». Oben rechts: Marie Mayer-Bürck (1820–1910), eine der hervorragendsten Schauspielerinnen des Dresdner Hoftheaters im 19. Jahrhundert, lebte von 1841 bis 1893 in Dresden und wurde vor allem als Partnerin des «göttlichen» Devrient vom Publikum gefeiert. Hier in der Rolle der Ophelia.

Kostüm, die die Gesamtwirkung unterstützen, wurden vom Oberregisseur des Schauspiels, Albrecht Marcks, für die Dresdner Ensembleverhältnisse ausgearbeitet.

Einen besonderen Höhepunkt unter der Ägide Lüttichaus stellte das Jahr 1841 dar, in welchem sowohl die Künstler der Oper als auch des Schauspiels ihr prächtiges von Gottfried Semper erbautes Haus in Besitz nehmen durften. Die Muse Thalia konnte im festlichen Reigen mit den anderen Schwesterkünsten kein herrlicheres «Theaterschloß» beanspruchen als dieses Gebäude. Nach nur dreijähriger Bauzeit wurde das Königliche Hoftheater am Theaterplatz mit Carl Maria von Webers «Jubel-Ouvertüre» und Johann Wolfgang Goethes Schauspiel «Torquato Tasso» am 13. April festlich eröffnet. Komödien und Singspiele wurden weiterhin im Theater am Linckeschen Bade in der Neustadt gegeben, das sich als beliebtes Volkstheater großen Zulaufs erfreute. Nur knapp drei Jahrzehnte existierte Sempers Prachtbau – in einem durch Nachlässigkeit ausgelösten Großbrand wurde er am 21. September 1869 völlig zerstört.

In einem eilig errichteten Interimsbau, der sogenannten «Bretterbude», wurde der Spielbetrieb fortgesetzt. Die Dresdner, verwöhnt durch ihr schönes Haus, drängten auf ein neues Theater. Erneut wollte man den wegen seiner Aktivität bei den revolutionären Maiereignissen 1849 aus Dresden vertriebenen Semper für den Neubau gewinnen. Seinem Sohn Manfred fiel die Aufgabe zu, die Pläne des Vaters und damit seine Vorstellungen von einem Gesamtkunstwerk auszuführen. Wiederum wurde nach siebenjähriger Bauzeit 1878 feierlich eröffnet. Auch dieses Mal stand keine Oper auf dem Programm, sondern Goethes «Iphigenie». Die Titelrolle spielte die berühmte Pauline Ulrich, der man eine reife Charakterisierungskunst nachsagte und die sogar als erste Schauspielprofessorin junge Nachwuchskräfte ausbildete. Noch 1909 stand sie 69jährig auf der Bühne!

1894 war in einer Dresdner Zeitung zu lesen: «Dresden ist eine Hochburg des Idealismus; sich gegen den kunstfeindlichen Realismus zu wehren, ist Dresdens Mission.» Das änderte sich, als mit Graf Nikolaus von Seebach 1894 ein Generaldirektor an die Spitze

Rechte Seite: (unten links) Ludwig Tieck (1773–1855) arbeitete von 1819 bis 1842 in Dresden als Dramaturg und wirkte an der Weiterführung der Schlegelschen Shakespeare-Übersetzung mit. Berühmte Schauspieler in Dresden (von oben links nach unten rechts): Pauline Ulrich (1840–1916); der Publikumsliebling Emil Devrient (1803–1872); Erich Ponto (1884–1957), Charakterdarsteller, Komiker und erster Indendant des Dresdner Schauspiels nach dem Krieg, und Bogumil Dawison (1818–1872).

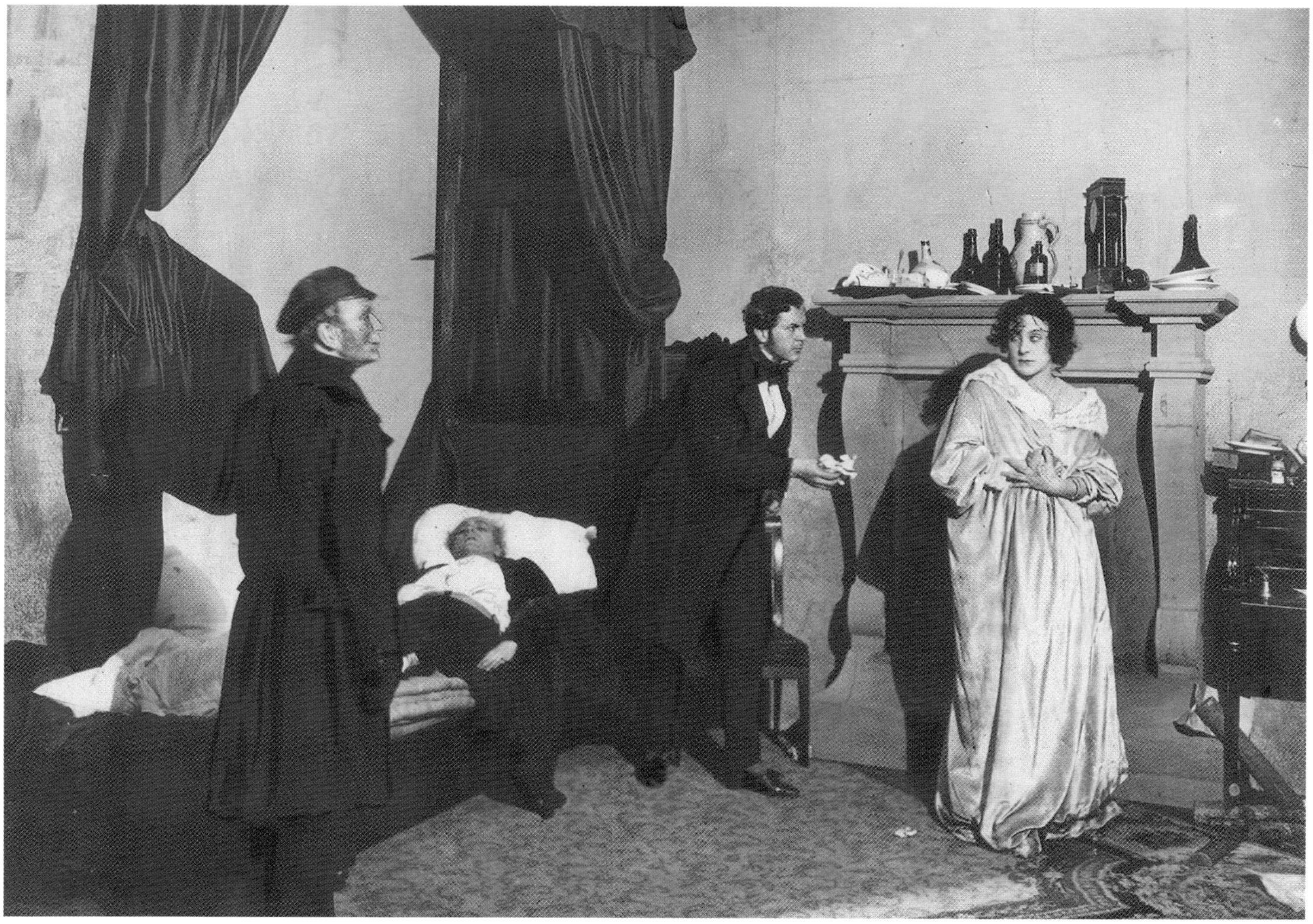

Unter der Leitung von Paul Wiecke zog der Geist der Weimarer Republik ins Dresdner Schauspielhaus ein: Man spielte die Werke der neuen politisch engagierten Autorengeneration und erklärte die Bühne zum Ort gesellschaftlicher Erneuerung. 1922 fand die vielbeachtete Uraufführung des Dramas «Gobseck» von Walter Hasenclever statt.

des Hoftheaters trat, der als musisch aufgeschlossener Weltbürger Mitarbeiter heranzog, die für den künstlerischen Erfolg garantierten. Unbestritten war in jenen Jahren der Weltruhm der Dresdner Oper unter der musikalischen Leitung Ernst von Schuchs, doch Karl Zeiß als Leiter des Schauspiels stand ihm nicht nach: kein zeitgenössisches Werk von Bedeutung, das nicht hier Premiere gehabt hätte. Henrik Ibsens «Die Stützen der Gesellschaft» und «Nora», Oscar Wildes «Ein idealer Gatte», und «Bunbury oder Die Bedeutung ernst zu sein», Hermann Sudermanns «Glück im Winkel», Gerhart Hauptmanns «Rose Bernd» und «Die versunkene Glocke», Friedrich Hebbels «Herodes und Mariamne», George Bernard Shaws «Candida», Maxim Gorkis «Nachtasyl» sowie Stücke von Arno Holz, Arthur Schnitzler und Björnstjerne Björnson waren neben den klassischen Autoren bestimmend für das Repertoire. Bezeichnend für diese progressive Dramaturgie ist die von Zeiß in der «Deutschen Bühne» vom 10. September 1913 vertretene Ansicht: «Das Publikum muß von der Bühne herab den Atem und Rhythmus der Zeit spüren, und wenn es die Meisterwerke vergangener Zeiten interpretiert sieht, will es diese mit der ganzen Intensität und Steigerung unseres heutigen Lebens erfaßt sehen ...»

Seit 1873 gab es neben dem Semperbau das Albert-Theater in der Neustadt, das ebenfalls vom Hoftheater bespielt wurde. Das wachsende Interesse an Gegenwartsdramatik und vor allem die Öffnung des königlichen Schauspielhauses für breitere Bevölkerungsschichten verlangte einen modernen Theaterbau, der, erstellt nach den Plänen der Architekten William Lossow und Max Hans Kühne, 1913 am Zwingergraben eröffnet wurde. Der Vorteil des 1312 Plätze umfassenden Hauses bestand in seiner für damalige Verhältnisse höchsten Anforderungen genügenden Bühnentechnik; ein versenkbarer Bühnenboden und vier Schiebebühnen ermöglichten mittels Hydraulik (heute noch funktionsfähig!) rasche Umbauten.

Während des Ersten Weltkrieges mußten Abstriche an dem ehrgeizigen künstlerischen Programm hingenommen werden. Vaterländische Rührstücke und Lustspiele sollten über die schweren Kriegsnöte hinweghelfen. Mit Reinhard Goerings Antikriegsdrama «Seeschlacht» gab es im Februar 1918 einen Theaterskandal, als den Zuschauern drastisch das sinnlose Sterben in einem Panzerturm eines Kreuzers vor Augen geführt wurde. Das Stück mußte sofort abgesetzt werden, und rechtsgerichtete Kreise forderten die Entlassung von Karl Wolff, der Zeiß im Amt gefolgt war. Während der Novemberrevolution wurde das Hoftheater aufgelöst und in «Sächsisches Landestheater», später in «Staatstheater» umbenannt. Wiederum setzten sich hervorragende Kräfte dafür ein, «frischen Wind» hereinwehen zu lassen. Nachdem der Versuch gescheitert war, das Haus mit einem Regiekollektiv zu leiten, nahm Paul Wiecke sein Schicksal in die Hand. Ihm zur Seite standen die Regisseure Berthold Viertel, Josef Gielen und Georg Kiesau. Die «Bürger Schippel» von Sternheim, «Gas» von Georg Kaiser und die Erstaufführung von Hauptmanns «Die Weber» gaben dem Spielplan eine sozialkritische Note. «Wer ein Ensemblespiel im Sinne des Moskauer Künstlertheaters sehen will, muß heute von Berlin nach Dresden fahren», schrieb 1923 der Dichter Walter Hasenclever.

Ein erneuter Theaterskandal folgte 1924! Der Anlaß war Ernst Tollers Drama «Hinkemann» über einen Kriegskrüppel, der an seiner brutalisierten Umwelt zerbricht. Auch hier Verbot auf Betreiben rechtsgerichteter Kreise. Gesellschaftskritische Stücke aufzuführen war künftig nur noch in der Aktuellen Bühne, einem Experimentiertheater, möglich. Ende der zwanziger Jahre machte sich dann zunehmend Unverbindlichkeit im Spielplan bemerkbar. Mit dem Schauspieldirektor Georg Kiesau war 1927 ein Mann ans Theater gekommen, der sich vor allem für Klassikerinszenierungen verwendete, in denen sprachgewaltige jugendliche Helden, abgründige Schurken und merkwürdige Käuze brillierten. Erich Ponto, als Bettlerkönig Peachum, wurde 1929 am Albert-Theater gefeiert. Andere Staatsschauspieler, wie der junge Martin Hellberg, führten Friedrich Wolfs «Die Matrosen von Cattaro» in Betrieben auf ... Brechts erfolgreiche «Dreigroschenoper» dagegen fand keinen Eingang in den Spielplan des Staatstheaters.

Mit der Machtergreifung der Nationalsozialisten vollzogen sich wieder einschneidende Veränderungen auf den Bühnen. Theaterleute, die als liberal galten oder jüdischer Herkunft waren, wurden entlassen, die Spielpläne «völkisch» ausgerichtet. Dennoch waren die Dresdner Künstler bemüht, mit Klassikerinszenierungen humanistisches Gedankengut zu bewahren. Nach wie vor, gerade auch in den Kriegsjahren, fühlte sich das Publikum von seinen erklärten Lieblingen angezogen, darunter Erich Ponto, Paul Hoffmann, Bruno Decarli, Antonia Dietrich und andere. Für die Spielzeit 1944/45 waren noch vierzehn Inszenierungen geplant, darunter fünf Uraufführungen. In der letzten Vorstellung wurde am 31. August 1944 «Iphigenie» gegeben, danach verbot Hitlers «totaler Krieg» jegliche Aufführung. Im Inferno der Bombennacht vom 13. zum 14. Februar sanken auch die Dresdner Theater in Schutt und Asche. Kaum vorstellbar, daß bereits am 10. Juli 1945 in Dresden wieder Theater gespielt wurde: In der ehemaligen Tonhalle in der Neustadt, dem heutigen Kleinen Haus, öffnete sich der Vorhang für Lessings «Nathan».

Da das Schauspielhaus im Gegensatz zu den anderen städtischen Theatern, die völlig zerstört waren, nur schwere Schäden aufwies, war man zum baldigen Wiederaufbau entschlossen. Am 22. September 1948 wurde das Große Haus der Staatstheater Dresden als Dreispartentheater mit Beethovens «Fidelio» wiedereröffnet. Der Spielplan der Nachkriegszeit verzeichnete vor allem Stücke, die während der Naziherrschaft nicht gespielt wurden (zum Beispiel «Der Bär» von Tschechow oder Günther Weisenborns «Die Illegalen»), aber man war bestrebt, neben der Fortsetzung der Klassikerpflege auch Gegenwartsstücke, wie Friedrich Wolfs «Bürgermeister Anna», zu spielen. Mit einer Ausnahme: Carl Zuckmayers Drama «Des Teufels General» durfte nicht aufgeführt werden. Erich Ponto, der sich dafür einsetzte, trat daraufhin von seinem Amt als Generalintendant zurück.

Mit seinem programmatischen Konzept «Tradition und Revolution» versuchte Martin Hellberg während seiner einjährigen Intendanz, Shakespeares Werk verstärkt aufzuführen und gleichzeitig internationale Dramatik zu berücksichtigen. Schließlich stand mit Leon Kruczkowskis «Die Sonnenbrucks» ein Stück auf dem Spielplan, das sich ebenso wie

Hedda Zinners «Der Teufelskreis» und «Das Schweigen des Meeres» mit der Bewältigung der jüngsten Vergangenheit auseinandersetzte.

Immer häufiger, bedingt durch die politischen Verhältnisse in der DDR, war neben den russischen Klassikern auch die erstaunliche Vielfalt sowjetischer Dramen im Spielplan vertreten. Als spezielles Theater für Kinder und Jugendliche etablierte sich außerdem das «Theater der Jungen Generation».

Anfang der sechziger Jahre wurde erstmals in der DDR Bertolt Brechts «Die heilige Johanna der Schlachthöfe» in einer aufsehenerregenden Inszenierung von Hannes Fischer vorgestellt, der selbst die Rolle des Mauler übernahm. Fischers unbestrittenes Verdienst blieb es, Dresden durch die kontinuierliche Erweiterung des Repertoires zu einem respektablen Zentrum der Brecht-Pflege – neben dem Berliner Ensemble – gemacht zu haben. Nach dem Mauerbau 1961 wurden Dresdner Starschauspieler wie Lissy Tempelhof, Horst Schulze, Helmut Straßburger, Alfred Struwe und Dietrich Körner nach Berlin verpflichtet, um das Ansehen des «hauptstädtischen» Theaters zu halten, das durch den Weggang vieler Künstler in den Westen empfindliche Einbußen hatte hinnehmen müssen. Dennoch machte Dresden durch die Erstaufführung von Friedrich Dürrenmatts «Der Besuch der alten Dame» in der DDR mit der unvergessenen Antonia Dietrich – einer großartigen Vertreterin der «alten Schule» – in der Hauptrolle und dem neuengagierten Rolf Hoppe als Ill von sich reden.

Mitte der sechziger Jahre kam der ehrgeizige und auf SED-Linie eingeschworene Hans Dieter Mäde nach Dresden. Intendant und Chefregisseur in einer Person, versuchte er neben beachtenswerten Klassikerinszenierungen verstärkt Gegenwartsstücke in den Spielplan zu drücken, ohne daß sich wirkliche Erfolge einstellten. Auch Hannes Fischer, der die Nachfolge Mädes antrat, blieb es versagt, an seine frühere Glanzzeit anzuknüpfen. Hingegen erwies sich die längere Zusammenarbeit mit dem Dramatiker Peter Hacks für Dresdens Theater als äußerst fruchtbar; unter der Regie von Klaus-Dieter Kirst wurden seine Stücke «Adam und Eva», «Prexaspes» und «Ein Gespräch im Hause Stein über den abwesenden Herrn von Goethe» erfolgreich uraufgeführt und fanden auch Anerkennung bei der auswärtigen Kritik.

Als Anfang der achtziger Jahre die beiden erfahrenen Theaterleute Horst Schönemann und später Gerhard Wolfram die Leitung des Schauspiels übernahmen, standen sie vor der Aufgabe, das Große Haus in der Ostra-Allee nach der Eröffnung der Semperoper in seine Eigenständigkeit zu führen. Mit einem Regiequartett, bestehend aus Horst Schönemann, Hannes Fischer, Klaus-Dieter Kirst, Wolfgang Engel und neu hinzugekommenen talentierten Kräften, die das gewachsene Ensemble verstärkten, glückte dieses Vorhaben. Nicht nur die Kritik, sondern auch die stark verjüngten Zuschauerkreise nahmen das vielseitige Programm an. Aufsehenerregende Inszenierungen des Gastregisseurs Bernd K. Tragelehn von Heiner Müllers «Die Umsiedlerin» und vor allem Wolfgang Engels Aufführung von Kleists «Penthesilea» – mit Cornelia Schmaus in der Titelrolle und Christoph Hohmann als Achilles – sowie von Hebbels «Nibelungen» – beide Inszenierungen wurden begeistert bei auswärtigen Gastspielen aufgenommen – waren ausschlaggebend für Dresdens Entwicklung zu einer heimlichen Theaterhochburg. Aber auch andere Zugstücke wie Frayns «Der nackte Wahnsinn», der amüsante Liederabend mit Hintersinn «Ein Schuß zehn Pfennig ...» oder die Bühnenfassung von «Harold und Maud» sorgten für ständig ausverkaufte Häuser. Dresdens Schauspiel, nunmehr in der Intendanz von Dieter Görne, der als Chefdramaturg Wesentliches leistete, will das Konzept des anspruchsvollen Theaters, das nicht nur ein Recht sondern die Pflicht hat, sich in gesellschaftliche Prozesse «einzumischen», beibehalten.

Als das Staatsschauspiel Dresden im Frühjahr 1991 mit dem Ehrenpreis zum Deutschen Kulturpreis 1990 gewürdigt wurde, nannte der Schriftsteller Christoph Hein in seiner Laudatio die Gründe, die diese Auszeichnung für die künstlerische und politische Arbeit des Ensembles rechtfertigen: Es ist bedeutsam, «wenn auch eine Institution wie ein Theater einen Anteil an dem Ende eines würdelos und unsinnig gewordenen Regimes hat.»

Hoch zu Roß blickt König Johann von Sachsen (1854–1873) auf den Theaterplatz. Er fand unter anderem als Danteforscher große Anerkennung und veröffentlichte unter dem Pseudonym «Philalethes» eine Übersetzung von Dantes «Göttlicher Komödie».

Folgende Doppelseite: Die Arkaden des Stallhofes säumen die Ringelstechbahn und die Pferdeschwemme des Schlosses. Über den Säulen der Arkaden die Wappen der Ländereien der Wettiner.

Nach der Wiederherstellung soll das Residenzschloß der Wettiner einen Großteil der Schätze der Staatlichen Kunstsammlungen Dresdens, die im Depot lagern, aufnehmen.

Die Ruine der Frauenkirche am Neumarkt. Einen Tag lang schien es, als ob sie das Bombardement des 13. Februar 1945 überstanden hätte – dann stürzte sie, völlig ausgeglüht, in sich zusammen. Im Vordergrund das Lutherdenkmal von Ernst Rietschel.

An der Kunstakademie. Links im Bild die 1975 rekonstruierten Flügelbauten des Coselpalais.

Folgende Doppelseite: Den Fürstenzug an der Außenseite des Schlosses führen sächsische Markgrafen, Kurfürsten und Könige an. Künstler und Wissenschaftler der Zeit folgen.

RICH D. STRENGE
FRIEDRICH D. STREITBARE
ERNST
FRIEDRICH D. SANFTMUETHIGE
ALBRECHT D. BEHER

FRIEDRICH D. WEISE
JOHANN D. BESTAENDIGE
JOHANN FRIEDRICH D. GROSSMUETHIGE
GEORG D. BAERTIGE
HEINRICH D. FROMME

Eine der ältesten Kunstakademien Deutschlands ist in Dresden beheimatet, auf der Brühlschen Terrasse. Künstler von Weltruf wie Canaletto, Oskar Kokoschka oder Otto Dix lehrten hier.

Günter Jäckel

«Kritische Reden» von 1700 bis 1989

Dresden literarisch

Dresden, das mit dem augusteischen Barock seinen Charakter als eine der führenden europäischen Kunstmetropolen endgültig festigte, war nicht in erster Linie eine Stadt der Dichter. Anders als in Leipzig mit seinen geistigen Umschlagplätzen Messe und Universität vermochte allerdings Poesie zunächst nur als Teil der höfischen Festkultur einen offiziellen Charakter zu gewinnen. Auch die zahlreichen Verfasser von Bitt- und Gelegenheitsdichtungen bewegten sich in diesem Umkreis. Die poetischen Ansprüche waren also eher bescheiden und blieben hinter denen, die an Musiker und Maler gestellt wurden, weit zurück.

Der berühmteste Hofpoet der Dresdner Barockkultur, Johann Ulrich [von] König (1688–1744), stand in der Tradition spätmittelalterlicher Pritschmeisterpoesie, wenn er den Auftrag hatte, beim Armbrustschießen («Schnepperschießen») die höfische Schützengilde mit zweideutigen Stegreifversen, die dann sogleich in Prachtdrucken erschienen, zu erheitern. Ebenso zum Amüsement trug das Drama «Graf Ehrenfried» von Christian Reuter (1665– um 1712) bei, des begabtesten Dichters aus den Jahrzehnten nach dem Dreißigjährigen Krieg: Der Leipziger Student hatte in mehreren Dramen und dem satirischen Reiseroman «Schelmuffsky» das geltungssüchtige Leipziger Bürgertum verspottet, war zu Karzer verurteilt und später relegiert worden. Dresdner Hofkreise nahmen sich seiner an; doch das Bemühen, ihr Wohlwollen zu bewahren, wird im Stück auch recht deutlich.

Rivalitäten zwischen dem höfischen Dresden und dem aufklärerischen Leipzig wurden ab 1741 ausgetragen, als Johann Christoph Gottsched im Streit mit den Schweizern erstarrte Positionen des Rationalismus vertrat und von einer einflußreichen Dresdner Literatengruppe verspottet wurde. Zu dieser gehörten König, der 1731 mit seinem Epos «August im Lager» ehrgeizige poetische Ziele verfolgt hatte, ebenso wie der ehemalige Sekretär des Grafen Brühl, Johann Christian Rost (1717–1765), und sein Nachfolger, der Satiriker Christian Ludwig Liscow (1701–1760). Rost hatte auf der Grundlage eines Dramas der Caroline Neuber, «Der allerbeste Schatz» (1741), sogleich ein Alexandrinerepos, «Das Vorspiel», verfaßt, das den Bruch der Theaterprinzipalin mit Gottsched als populäre Satire gestaltete.

Gleichwohl blieb das offizielle Literaturklima auch um die Mitte des 18. Jahrhunderts in Dresden noch kühl. Die Neuberin, die hier seit 1750 verzweifelt um Protektion nachsuchte, starb zehn Jahre später in bitterer Armut. Liscow, ein großes Talent in der Nachfolge Jonathan Swifts, hatte den Rat des Dresdner Diplomaten und späteren Galeriedirektors Christian Ludwig Hagedorn, «seine Freydenkerei» einzustellen, zu wenig beachtet: Er wurde 1749 wegen kritischer Reden über seinen Dienstherrn verhaftet und später entlassen. Gleichfalls verstummte der Satiriker Gottlieb Wilhelm Rabener, der 1753 als Obersteuersekretär von Leipzig gekommen war und sich seit zwölf Jahren höchster Popularität erfreut hatte. Nun schrieb der Einundvierzigjährige im «Vorbericht» zum vierten Teil seiner «Satiren», daß er es in Deutschland nicht wage, «einem Dorfschulmeister diejenigen Wahrheiten zu sagen, die in London ein Lord-Erzbischof anhören, und schweigen, oder sich bessern muß». Seine in Dresden heimlich geschriebenen Satiren verbrannten bei der Beschießung der Stadt am 19. Juli 1760 zusammen mit seinem gesamten Besitz.

Sein Brief darüber ist neben den Schilderungen des preußischen Hauptmanns und Historikers Wilhelm von Archenholtz eines der bleibenden Zeugnisse über den Untergang der augusteischen Barockkultur im Siebenjährigen Krieg.

«Die Thoren aus den Palästen und den Antichambren sind mir zu gefährlich, und (im Vertrauen) es sind nicht die kleinsten», schrieb Rabener an Christian Felix Weiße. – Doch nicht nur diese verhinderten eine Dresdner Aufklärung: Auch die lutherische Kirche, protestantisch im wahren Sinne des Wortes auch in ihrem Mißtrauen gegenüber dem katholischen Hof, engherzig gegenüber dem Herrnhuther Pietismus und orthodox in der Auslegung des Glaubens, tolerierte lediglich die kirchengeleitete, also intensive Form der Lektüre. So wurde noch 1789 im XLVIII. Stück der «Dresdnischen Gelehrten Anzeigen» die Frage aufgeworfen, «ob man aus Romanen Menschenkenntnis lernen könne», um sogleich verneint zu werden. «Werther», «Robinson Crusoe» und Schillers «Räuber» werden als abschreckende Beispiele genannt.

Der Tieck-Kreis

Es konnte also keine Dresdner Klassik geben, obwohl hier Johann Joachim Winckelmann 1755 seine epochemachende Schrift «Gedanken über die Nachahmung der griechischen Werke in der Malerei und Bildhauerkunst» veröffentlichte und Christian Gottfried Körner einen der tolerantesten und weltoffensten Kreise der frühen Goethezeit um sich versammelte, in dem nur der Adel des Geistes zählte.

Der junge Schiller, dessen Talent Körner sofort erkannte, fand zwischen September 1785 und Juli 1787 bei ihm materielle Hilfe und geistige Anregung, die für seine Zukunft entscheidend wurden. Körners Stadthäuser und sein Weinberg in Loschwitz waren Mittelpunkte des Dresdner Geisteslebens bis zum Ende der Napoleonzeit. Schiller und Goethe, Zelter, Mozart, Novalis, die Brüder Friedrich und August Wilhelm Schlegel, Wilhelm und Alexander von Humboldt, Elisa von der Recke und ihre Schwester Dorothea, Herzogin von Kurland, die Herzogin Anna Amalia von Sachsen-Weimar, der preußische Graf Geßler, der norwegische Philosoph und Naturwissenschaftler Henrik Steffens, Friedrich Schleiermacher, Ludwig Tieck, zuletzt die Vertreter der antinapoleonischen Freiheitsbewegung wie Heinrich von Kleist, Ernst Moritz Arndt, der Freiherr vom Stein, und die gebildeten sächsischen Adelsfamilien von Carlowitz und von Miltitz waren Gäste und Freunde. Jedoch ist es nie zu einer Gruppenbildung gekommen. Auch Friedrich Schlegel, der schon 1792 in Dresden beschloß, der «Winckelmann der griechischen Poesie» zu werden, entfernte sich bald nicht nur vom Kreis um Körner, sondern zugleich von den klassizistischen Ideen, die hier fast ausschließlich vertreten wurden.

Hier hat nun auch Christian August Tiedge (1742–1841) seinen Platz, dessen Lehrdichtung «Urania – Über Gott, Freiheit und Unsterblichkeit» um 1800 sehr beliebt war. Tiedge war Lebensgefährte und empfindsamer Seelenfreund der Elisa von der Recke (1754–1833), geborene Reichsgräfin von Medem, einer aufgeklärten, vorurteilsfreien Frau. Seit 1819 wohnten beide am Kohlmarkt in der Neustadt; ihr poetisches Reservoir blieben die Gefühlswelten der Empfindsamkeit, der Spätaufklärung und der Religion.

Die Dresdner seien «ein seichtes, zusammengeschrumpftes, unleidliches Volk, bei dem es einem nie wohl wird», war Schillers bitteres Fazit seines Aufenthaltes in der Beamten- und Höflingsstadt. Er hat es in einem Brief vom 4. Dezember 1788 festgehalten. Körner lebe «in einer Wüste der Geister». Schiller hatte wohl recht: Nie hätten sich er oder Goethe hier poetisch verwirklichen können. 1789 wurden in Dresden «Don Carlos» und 1802 die «Jungfrau von Orleans» gegeben; Körner berichtete ihm am 27. Januar sogleich von den Eingriffen der Zensur. – Diese waren im übrigen ebenso grotesk wie die vom August 1828 an Ludwig Tiecks «Faust I», den er zum 80. Geburtstag Goethes ebenfalls in Dresden herausbrachte.

Während 1789 Mozart und 1795 der junge Beethoven am Dresdner Hof aufgenommen wurden, erhielt von allen Dichtern der Goethezeit nur Herder im August 1803 eine

Während seines zweijährigen Aufenthalts in Dresden weilte Friedrich Schiller 1786 auch im Vorort Blasewitz. Mit der Figur der «Gustel von Blasewitz» in seinem Drama «Wallensteins Lager» hat er diesem Ort ein Denkmal gesetzt; der wiederum ehrte ihn durch die Schiller-Linde.

Audienz beim Kurfürsten. Sie war von Herder gut vorbereitet durch einen huldigenden Artikel in der «Adrastea» mit den berühmten Worten, daß durch Friedrich August «Dresden in Ansehung der Kunstschätze ein deutsches Florenz geworden» sei. Doch anders als von Straßburg, Göttingen, Leipzig oder Weimar gingen von Dresden keine innovatorischen Impulse für die Literatur aus.

«Freimütigkeit ist hier nichts weniger als zu Hause, und in Rücksicht der politischen und religiösen Denkungsart steht der Sachse hinter seinen Nachbarn wenigstens um ein halbes Jahrhundert zurück. Man begreift in Dresden noch gar nicht, wie man über Mängel und Gebrechen des Staats, der Regierungsform, über Bedrückung der Unterbeamten u. dgl. den Mund öffnen kann. Ein Schriftsteller und ein Jakobiner sind bei den höhern Ständen fast gleichlautend.» Georg Friedrich Rebmann (1768–1824), der 1792 hierherkam und als Journalist zum ersten Male in Dresden versuchte, die bestehende Macht durch die stille Gewalt der Information zu unterlaufen, wußte, wovon er sprach. Schon das zweite Heft von «Der allgemeine Sächsische Annalist» im Februar 1792 erregte wegen behutsamer Darstellungen der jüngsten Ereignisse in Frankreich den Unwillen der Zensurbehörden. Mit dem sechsten Heft endete das Unternehmen. Erst im dänischen Altona konnte Rebmann 1795/96 in seinen «Wanderungen und Kreuzzügen durch einen Teil Deutschlands von Anselm Rabiosus dem Jüngern» über seine Dresdner Erfahrungen berichten.

Selbstdarstellung und Stadtbeschreibung

Rebmann steht mit seinen Schilderungen zum einen in der Tradition der Stadtbeschreibung und zum anderen in der der Selbstdarstellung. Beide Genres sind in der Literatur über und aus Dresden in bemerkenswerter Häufigkeit anzutreffen. In den Selbstzeugnissen ist vor allem von Not und Leiden die Rede. Der Annenschüler Christian Heinrich

Links: Auf seinem berühmten «Spaziergang nach Syrakus», einer Fußreise nach Sizilien, machte der Schriftsteller Johann Gottfried Seume (1763–1810) 1802 in Dresden Station.
Rechts: Im Hause seines Vaters, Gottfried Körner, gingen die namhaftesten Künstler ein und aus, unter anderem Friedrich Schiller, der das literarische Schaffen Theodor Körners (1791–1813) nachhaltig beeinflußte.

Schreyer (1751–1823) erzählt von seinen Kindheitserlebnissen bei der Beschießung der Altstadt 1760. Die «Lebenserinnerungen eines deutschen Malers» von Ludwig Richter und die «Jugenderinnerungen eines alten Mannes» von Wilhelm von Kügelgen zeigen hinter dem oft biedermeierlich verklärten Alltag vor allem die Auswirkungen der Napoleonischen Kriege.

Die kulturgeschichtlich wie menschlich bedeutsame «Selbstbiographie» des Dresdner Armenschullehrers Carl Gustav Nieritz (1795–1876) ist heute fast vergessen – zu Unrecht. Denn Nieritz – ein frommer und königstreuer Mann, Verfasser von etwa 150 Erzählungen für die Jugend – beschreibt in der Genauigkeit eigener Erfahrung das Dresden der Gedemütigten und Armen: der stets Unterlegenen im stillen Bürgerkrieg mit Polizisten und Zuträgern, Spitzeln, Schreibern und Anwälten; jener, die in der Anonymität der Sprachlosigkeit lebten und der Willkür eines «vormundschaftlichen Staates» ausgeliefert waren. Kulturgeschichtlich ebenso ergiebig, wenn auch weniger sozial engagiert, sind die «Memoiren» des Dresdner Unterhaltungsschriftstellers Friedrich August Schulze [Laun] (1770–1849).

Diese Tradition wirkt aber weit über das 19. Jahrhundert hinaus. Die anschaulichsten Selbstdarstellungen aus dem Dresden des 20. Jahrhunderts stammen von Erich Kästner («Als ich ein kleiner Junge war») und Arnold Vieth von Golßenau, dem letzten Vertreter einer alten sächsischen Adelsfamilie, der sich nach seinem Übertritt in die KPD Ludwig Renn nannte und mit «Krieg» einen der populären Antikriegsromane der zwanziger Jahre geschrieben hatte. Seine Jugenderinnerungen «Adel im Untergang», entstanden 1944, zeigen – jenseits jeglicher plakativer ideologischer Vorgaben – das höfische und militärische Dresden der Jahre vor dem Ersten Weltkrieg in teilweise außerordentlich anschaulichen Szenen.

Das Genre der Stadtbeschreibungen von meist Dresdner Autoren und Reiseberichte von Besuchern gehören seit dem Barock zu den aufschlußreichen Darstellungen der

Ein Jour fixe des kulturellen Lebens im Dresden des 19. Jahrhunderts: die wöchentlichen Vorlese-Soiréen bei dem Dichter und Dramaturgen Ludwig Tieck. Seine Rezitationen von Dramen der Weltliteratur fesselten seinen erlesenen Zuhörerkreis.

Stadt und ihres öffentlichen Lebens. 1718 schien Goethes Großonkel, dem damals vierundzwanzigjährigen preußischen Gesandten Johann Michael von Loen (1694–1776), Dresden «ein bloßes Lustgebäude zu sein». «Ein Fremder hat fast ein paar Monate zu tun, wenn er alles, was dieser Ort Schönes und Prächtiges hat, in Augenschein nehmen will.» In fast stereotypen Wahrnehmungsmustern werden in der Reiseliteratur die bemerkenswerten Objekte abgehandelt: Hof und Kirchen, Gemälde-, Münz-, Porzellan- und Skulpturensammlungen, die Mengsischen Gipsabgüsse, die Rüstkammer, Musik, Oper, Theater, der Brühlsche Garten, der Zwinger, die Orangerie, die Umgebung. Erst dann folgen, anfangs eher peripher, die Sitten und Gebräuche der Einwohner, anekdotisch oft, wie in den monatlich erscheinenden Periodika, den «Dreßdnischen Merckwürdigkeiten», dem «Sächsischen Curiositäten-Cabinett» oder den «Curiosis Saxonicis».

Solche Stadtbeschreibungen leiten rationalistisch systematisiert zu einer mehr oder weniger genormten Besichtigung an: so Benjamin Gottfried Weinarts «Topographische Geschichte der Stadt Dresden und der um dieselbe herumliegenden Gegenden» (1777) oder auch die «Beschreibung der vorzüglichsten Merkwürdigkeiten der Churfürstlichen Residenzstadt Dresden und der um dieselbe herumliegenden Gegenden», die Lessings Freund, der Oberbibliothekar Carl Wilhelm Daßdorf, 1782 verfaßt hatte. Daniel Chodowiecki, der im Oktober 1773 zu Pferde in Dresden ankam, gibt in seinem französisch geschriebenen Tagebuch ein anschauliches Bild der gesamten städtischen Szenerie und ihrer Umgebung. Johann Kaspar Riesbeck (1749–1786), neben Johann Gottfried Seume wohl der bedeutendste Fußreisende der Aufklärungszeit, weiß im Rollenspiel eines «reisenden Franzosen» seine Stadtschilderungen effektvoll zu stilisieren. Auch er preist die zweckmäßige Ordnung, erkennt aber als einer der ersten zugleich jene einzigartige Synthese von Stromlandschaft und urbanem Raum: «Sie ist ohne Vergleich die schönste Stadt, die ich noch in Deutschland gesehen … Auf der langen und prächtigen Elbbrücke ist die Aussicht bezaubernd.» Jean Paul (an Christian Otto, 17. Mai 1798) und Heinrich von Kleist (an Karoline von Schlieben, 18. Juli 1801) werden in ihren Briefen eine neue Sprache der Ergriffenheit finden, in der Dresden als ein Gesamtkunstwerk aus Kunstschönheit und Naturschönheit empfunden wird, das die Dichter und Maler der Romantik gleichermaßen faszinierte. Der 23jährige Kleist schreibt: «Was macht auch mein liebes Dresden? Ich sehe es noch vor mir liegen in der Tiefe der Berge, wie der Schauplatz in der Mitte eines Amphitheaters – ich sehe die Elbhöhen, die in einiger Entfernung, als ob sie aus Ehrfurcht nicht näher zu rücken wagten, gelagert sind, und gleichsam von Bewunderung angewurzelt scheinen – und die Felsen im Hintergrunde von Königstein, die wie ein bewegtes Meer von Erde aussehen und in den schönen Linien geformt sind, als hätten da die Engel im Sande gespielt – und die Elbe, die schnell ihr rechtes Ufer verläßt, ihren Liebling Dresden zu küssen, die bald zu dem einen, bald zu dem andern Ufer flieht, als würde ihr die Wahl schwer, und in tausend Umwegen, wie vor Entzücken, durch die freundlichen Fluren wankt, als wolle sie nicht ins Meer.»

Dresdner Romantik

Mit der Dresdner Romantik – als Zusammenfassung unterschiedlicher Bündelungen und Schübe, die etwa 1796 einsetzten und bis zu Richard Wagner und Robert Schumann um 1849 reichten – gewinnt die Literatur eine zentrale Bedeutung im Ensemble der Künste. Wie im augusteischen Barock wird die Stadt nun wieder ein Kraftfeld der Verbindungen zwischen dem Süden und dem Norden, der Schaukultur des Katholizismus und der bildlosen Wortkunst des Luthertums; zwischen den Malern aus dem Norden und den Nazarenern, die ihre künstlerische Heimat im Süden sahen; zwischen der französisch-italienischen und spanischen Kultur des Hofes, der Diplomatie, dem napoleonischen Empire und den alten Beziehungen zu Polen, die nie abgerissen waren und sich noch 1830 und 1848 gegenüber den Emigranten bewährten. Aus diesem Kraftfeld erwächst auch eine Synthese aus literarischer Trivialromantik – wie der August Apels (1771–1816) und Friedrich Kinds (1768–1843) «Freischütz», Helmina von Chézys (1783–1856) «Euryanthe» – mit der Musik Carl Maria von Webers, des größten Komponisten der deutschen Romantik. Über alle konfessionellen Spannungen hinweg, die im Kernland der Reformation zwischen Volk und katholischem Fürstenhof bestanden, war stets etwas vom Geist einer Ökumene lebendig, der auch von den toleranten Botschaften der Kunst inspiriert war.

Im Sommer 1796 besuchten Ludwig Tieck und Heinrich Wackenroder die Dresdner Galerie, nachdem sie, die Protestanten, drei Jahre zuvor in Erlangen, Bamberg und Vierzehnheiligen die Kunst der Gegenreformation als geistiges Erlebnis erfahren hatten. Raffael und Dürer, die Kunstfrömmigkeit der italienischen und der altdeutschen Kultur, werden in den Geboten von «Toleranz und Menschenliebe» vereint – das ist eine der zentralen Botschaften aus den «Herzensergießungen eines kunstliebenden Klosterbruders», in denen sich Wackenroder damals in Dresden aussprach, nachdem er die Sixtinische Madonna gesehen hatte. Man wird Friedrich von Hardenbergs Essay «Die Christenheit oder Europa», das gewiß unter dem Eindruck der Dresdner und Pillnitzer Gespräche vom Sommer 1798 entstanden ist, eher als Zeugnis religiöser Universalität zu verstehen haben, denn als Bekenntnis zur Gegenreformation.

Hardenberg, der sich in seiner Aphorismensammlung «Blütenstaub» nun Novalis nannte, war Freund und Gast der Brüder Friedrich und August Wilhelm Schlegel, die im Pillnitzer Landgut ihres Schwagers Ernst und in dessen Stadtwohnung, vor allem aber in der Galerie neue Gedanken zur Kunst erörterten, die von ihren klassizistischen Positionen wegführten und in zunehmendem Maße auch von denen der Weimarer Klassiker. Zu diesem Kreis gehörten auch Wilhelms Frau Caroline, gelegentlich Johann Gottlieb Fichte, Joseph Friedrich Schelling, Henriette Mendelssohn, Rahel Levin, Henrik Steffens und Jean Paul. Eben war des «Ersten Bandes Erstes Stück» der Zeitschrift «Athenaeum» erschienen: Es zeigt in aphoristischer Pointierung und fragmentarischer Offenheit etwas

Fortsetzung Seite 179

Seinen bemerkenswerten Dachformen verdankt das Japanische Palais den Namen. Anleihen bei ostasiatischer Baukunst zeichnen viele der barocken Palais in Dresden aus.

Folgende Doppelseite: Den «Balkon Europas» nannten die Reisenden des 19. Jahrhunderts die Brühlsche Terrasse. Sie wurde auf der alten Festungsmauer errichtet.

WILHELM PIECK

Mitten in einen Weinberg wurden im 19. Jahrhundert die drei Elbschlösser gebaut: Schloß Albrechtsberg ist das beeindruckendste. Wie bei einer römischen Villa wurde die Landschaft, der steile Anstieg des Elbhangs, in die Architektur miteinbezogen.

Als letztes der drei Elbschlösser entstand 1859 bis 1861 Schloß Eckberg, das dem Tudorstil englischer Schlösser nachempfunden ist.

Auf die Elbhänge führen zwei Bergbahnen, die zu den ersten der Welt gehören. Die älteste Schwebeseilbahn der Welt befördert ihre Passagiere seit 1900 in drei Minuten auf die Loschwitzhöhe (im Bild). Mit der Standseilbahn dagegen erreicht man in viereinhalb Minuten den Stadtteil Weißer Hirsch.

Folgende Doppelseite: Schon im 19. Jahrhundert bauten die reichen Dresdner Bürger ihre Villen an den Loschwitzer Elbhängen, an denen noch Rebstöcke wachsen.

50

43

Bei der Innenausstattung von Schloß Pillnitz zeigt sich die Vorliebe der Epoche für exotisches und fernöstliches Dekor. Chinesische Details wie die Wandbespannung und das Kamingitter wurden mit barocken Kristallüstern kombiniert.

Vorangehende Doppelseite: Eines der beliebtesten Ausflugsziele vor den Toren Dresdens: Schloß Pillnitz. August der Starke baute es für seine Mätresse, die Gräfin Cosel.

Speise- und Wohnsalon von Schloß Pillnitz sind eher von intimem Charakter. Die biedermeierliche Möblierung des Wohnsalons ist erlesen und schlicht.

Im Berg- und auch im Wasserpalais von Schloß Pillnitz ist die Sammlung des Museums für Kunsthandwerk ausgestellt. Die Schwerpunkte der Kollektion stellen Zinn, Gläser …

... Fayencen, Metallarbeiten, Steinzeug, kostbare Möbel und Musikinstrumente dar. Auf den historischen Instrumenten des Museums werden gelegentlich Kammerkonzerte gegeben.

Folgende Doppelseite: Der Architekt des Zwingers, Matthäus Daniel Pöppelmann, ist auch der Baumeister des grazilen Bergpalais von Schloß Pillnitz.

Im Gartenhaus der Familie Körner schrieb Friedrich Schiller sein Drama «Don Carlos». Zwei Jahre lang, von 1785 bis 1787, lebte Schiller im Haus seines Freundes Gottfried Körner in Dresden.

von der hohen geistigen Kultur dieser Begegnungen der Frühromantiker, aber auch von der Eindringlichkeit der Kunstgespräche vor den «Gemälden». Sie erschienen im folgenden Jahr. «Hier, dächt ich, ließen wir uns nieder: wir können keinen bequemeren und anmutigeren Sitz finden. Vor uns der ruhige Fluß; jenseits erhebt sich hinter dem grünen Ufer die Ebne in leisen Wellen, dort unten spiegelt sich die Stadt mit der Kuppel der Frauenkirche im Wasser ...»

Die «progressive Universalpoesie» (Friedrich Schlegel) dieses Gesamtkunstwerks umschließt neben der Malerei vor allem die Musik. Doch im Unterschied zur barocken Universalität des höfischen Festes wird jetzt Poesie als das verknüpfende Element verstanden. «So oft ich künftig über große und schöne Gegenstände schreibe, werden diese Götter vor mich treten und mir die Gesetze der Schönheit geben», schrieb Jean Paul am 17. Mai 1798, nachdem er die Mengsischen Gipsabgüsse im Stallhof gesehen hatte. Ebenso faszinierend waren für diese Generation Musik und Bilder der italienischen Meister.

War es eine Kunst der Gegenreformation? Zwar hatten die Heiligengestalten auf Turm und Schiff der katholischen Hofkirche nie die Politik des Landes inspiriert, doch der Einfluß der Kunst des Südens war außerordentlich. «Ach, nur einen Tropfen Vergessenheit, und mit Wollust würde ich katholisch werden», schreibt Kleist am 21. Mai 1801 unter dem Eindruck der Musik in der Kirche Chiaveris, und seine Novelle «Die heilige Cäcilie oder die Gewalt der Musik» hat diesen Eindruck bewahrt.

Die romantische Integration zu einem Gesamtkunstwerk vollzog sich um 1800 vor allem als Synthese von bildender Kunst und Poesie. Im Juni 1801 war der 23jährige Philipp Otto Runge von der Kopenhagener an die Dresdner Kunstakademie gekommen. Er suchte hier den Klassizismus, doch er fand unter dem Einfluß von Ludwig Tieck jene romantische Symbolkunst, die Caspar David Friedrich zu ihrem Höhepunkt führen sollte. Tieck, dessen Künstlerroman «Franz Sternbalds Wanderungen» Runge kannte, gab ihm nun die entscheidenden Hinweise auf die Mystik Jakob Böhmes. Diese bestimmte dann das Hauptwerk jener Dresdner Jahre, die «Tageszeiten». «Wie ich ... Tieck meine Zeichnungen zeigte, war er ganz bestürzt; er schwieg stille, wohl eine Stunde, dann meinte er, es könne nie anders, nie deutlicher ausgesprochen werden, was er immer mit der neuen Kunst gemeint habe», schrieb Runge am 23. März 1803 an seinen Bruder.

Sogar der stille, menschenscheue Caspar David Friedrich vermochte 1808 mit seinem Altarbild «Kreuz im Gebirge» die Dresdner Kunstwelt zu leidenschaftlichen Debatten herauszufordern, die vor allem im «Phöbus» ausgetragen wurden, der geistvollsten Kunst- und Literaturzeitschrift, die je in Dresden erschienen ist. Ihre Herausgeber waren der Philosoph und Staatswissenschaftler Adam Müller (1779–1829) und Heinrich von Kleist. Beide waren entschiedene Vertreter jener nationalen und patriotischen Richtung des romantischen Denkens, das sich aus der Wendung zum Altdeutschen entwickelt hatte und seine Legitimation nun aus dem Zusammenbruch aller Werte durch die Siege Napoleons erhielt. In der Hauptstadt des mit ihm treu verbündeten Sachsen regten sich bald Kräfte des nationalen Widerstandes. Sie äußerten sich in Vorlesungen, die in den Wintermonaten zwischen 1806 und 1808 gehalten wurden. Der Altertumsforscher Carl August Böttiger (1760–1835), nach dem Tode des Bibliothekars und Sprachforschers Johann Christoph Adelung (1732–1806) der bedeutendste Gelehrte Dresdens, sprach über die Werte der Antike, besonders des Tacitus; Adam Müller las «Über die deutsche Wissenschaft und Literatur» und der Arzt Gotthilf Heinrich Schubert (1780–1860) über «Ansichten von der Nachtseite der Naturwissenschaft». Auch Kleist und Friedrich Gottlob Wetzel (1779–1819), möglicherweise Verfasser der «Nachtwachen» des Bonaventura, waren unter Schuberts Zuhörern.

Phänomene wie Magnetismus und Doppelgängertum, Ferngesichte und die Zwischenwelten aus Traum und Ahnung wurden hier einer Generation vorgestellt, die sich von der Zuversicht des Aufklärungsdenkens abgewandt hatte. Kleist, der in Dresden mit «Amphitryon», «Käthchen von Heilbronn», «Penthesilea», «Hermannsschlacht»,

Links: Während der Wirren des Befreiungskriegs 1813 weilte der große Erzähler und Komponist der Spätromantik E. T. A. Hoffmann (1776–1822) als Kapellmeister in Dresden. Rechts: Freiherr Friedrich von Hardenberg (1772–1801), der sich Novalis nannte. Im Jahr 1798 besuchte er die Brüder Friedrich und August Wilhelm Schlegel.

der «Marquise von O.» seine produktivste Zeit hatte, suchte 1808 in neun Heften des «Phöbus» diese zweite Generation der Dresdner Romantik zusammenzuführen. Er scheiterte aus wirtschaftlichen Gründen, vor allem aber an der Ungunst der Zeit. In Erwartung eines nationalen Aufbruchs gegen Napoleon verließ er Ende April 1809 Dresden.

Die Befreiung, das Ende der Kriegszeit, erlebte E. T. A. Hoffmann, Kapellmeister der Secondaschen Wandertruppe, als die belagerte Festungsstadt am 11. November 1813 kapitulierte. In seinen Briefen und Tagebüchern hat er ihr Unglück beschrieben: die 15 000 Toten nach der Schlacht im August, die etwa 15 000 Verwundeten, die über 20 000 kriegsgefangenen Preußen, Österreicher und Russen; die Seuchen, den Hunger, den Schmutz. Es ist ein anderes Bild der Wirklichkeit, als man es aus den wenigen gelungenen Gedichten Theodor Körners gewinnt. Das bleibende poetische Zeugnis des romantischen Dresden ist Hoffmanns Novelle «Der goldne Topf».

Biedermeier und Vormärz

Nach dem militärischen und politischen Debakel von 1813/15, das das mit Napoleon bis zuletzt treu verbündete und maßlos verwüstete Land mehr als die Hälfte von Einwohnern und Territorium kostete, war ein Lied «An die Freude» nicht denkbar. Dies hatten die jungen Leute ein Menschenalter zuvor in Körners Loschwitzer Weinberg gesungen und im «Männerstolz vor Königsthronen» als Vorgeschmack bürgerlicher Freiheit empfunden. Nun wurde im «Liederkreis» eine biedermeierlich reduzierte Geselligkeit gepflegt zum Zeichen dieser Trennung von privater und staatlicher Existenz.

«Dichter in dürftiger Zeit» – Hofräte, Beamte, Künstler, die sich im geselligen Kreis ihre anspruchslosen poetischen Produkte unkritisch vortrugen – wurden bald zur Zielscheibe des Spotts. Durch Arthur Schopenhauer etwa, der 1814 bis 1818 hier sein philosophisches Hauptwerk schrieb, später durch Ludwig Tieck, der bedeutendsten litera-

Links: Erst bei seinem zweiten Aufenthalt in Dresden 1822 fand er Einlaß in die intellektuellen Kreise und entdeckte seine Liebe zur Stadt: Jean Paul (1763–1825). Rechts: «Willkommen sei, wer so den göttlichen Beruf des Dichters beurkunden kann», schrieb das Cottasche Morgenblatt 1807, als Heinrich von Kleist (1777–1811) in Dresden eintraf.

Links: Der Schriftsteller und Maler Wilhelm von Kügelgen (1802–1867) auf einem Selbstbildnis. Rechts: Karl Gutzkow (1811–1878) war 1846 bis 1849 Dramaturg am Dresdner Hoftheater.

Links: Den Anstoß zu seiner naturreligiösen Malerei erhielt Philipp Otto Runge (1777–1810) von den romantischen Dichtern Dresdens.
Rechts: Ein Kind der Stadt: Der satirisch-kritische Schriftsteller Erich Kästner (1899–1974) wurde in Dresden geboren. 1927 ging er nach Berlin.

rischen Persönlichkeit in Dresden zwischen 1819 und 1842. Er war ab 1824 Dramaturg am Hoftheater, unterlag jedoch bald seinem Rivalen Theodor Winkler-Hell (1775–1856), dem erfolgreichen Verfasser und Übersetzer von Unterhaltungsstücken. Zusammen mit Kind hatte Winkler die «Abendzeitung» herausgegeben, die sechsmal wöchentlich erschien und bis 1842 zu Mittel- und Norddeutschlands populärsten Literaturzeitungen gehörte. Ihre geistige Mitte waren die Dichter des «Liederkreises» wie der kurhessische Geschäftsträger Freiherr von der Malsburg (1786–1824), der Graf von Kalckreuth (1790–1847) und Eichendorffs und Fouqués Jugendfreund Graf von Loeben (1786–1825), ferner der sächsische Minister Graf von Nostitz und Jänckendorf (1765–1836) und seine Tochter Septima, dazu Böttiger, Kind, Winkler-Hell. Doch auch außersächsische Beiträger wie der Fürst Pückler-Muskau, Chamisso oder Varnhagen von Ense waren in der «Abendzeitung» vertreten. 1835 veröffentlichte Tieck seine vernichtende Satire auf die Dresdner Hofratskultur und ihre Zeitung, die spätromantische Novelle «Die Vogelscheuche».

Vom weltliterarischen Geist der Romantik bestimmt war die «Societas Dantesca» des Prinzen und späteren Königs Johann. Seit etwa 1826 versammelte er in Pillnitz einen Gelehrten- und Freundeskreis, dem er seine Übersetzung von Dantes «Göttlicher Comödie» vorstellte. Carl Gustav Carus (1789–1865), Tieck, der Professor Karl Förster (1784–1841), der Vorsteher der «Königlich Technischen Bildungsanstalt» Wilhelm Gotthelf Lohrmann (1796–1840), der Diplomat Wolf Graf von Baudissin (1789–1878), der Dichter und Komponist Carl Borromäus von Miltitz (1780–1845), Hofmarschall des Prinzen, gehörten zu dieser Gesellschaft. Ebenfalls die Vermittlung von Weltliteratur war das Anliegen von Tieck. Jeden Samstagabend las er in seiner Wohnung am Altmarkt vor einem erlesenen Zuhörerkreis eines der großen Dramen von Aischylos bis Goethe – ein bedeutendes Ereignis für die Dresdner und ihre Gäste. Unter Tiecks Namen vollendeten seine Tochter Dorothea und Graf Baudissin die Shakespeare-Übersetzung, die August Wilhelm Schlegel Anfang des Jahrhunderts begonnen hatte.

Noch leuchtete über Dresden die «mondbeglänzte Zaubernacht, die den Sinn gefangen hält». Der junge Tieck hatte im «Kaiser Octavian» jenes Credo der Romantik formuliert; Carus, Hofarzt dreier sächsischer Könige, als Maler ein Schüler von Caspar David Friedrich, hat in seinen «Zehn Briefen über Landschaftsmalerei» zwischen 1815 und 1835 noch einmal die Aura von Türmen und Giebeln, Strom und Brücke beschworen. Doch das Jahr 1831 brachte auch für das als träumerisch angesehene Dresden ein «Ende der Kunstperiode»: Es brachte die erste sächsische Verfassung, es brachte das Ende der italienischen Oper, die über 250 Jahre den Glanz des Wettinischen Fürstentums verherrlicht hatte, es brachte Offenheit in der Beseitigung der letzten Festungsmauern und Offenheit auch mit einer neuen Bedeutung der Presse und damit der Prosa, die den Vers zurückdrängte.

Dieses Dresden des Vormärz, des Jungen Deutschlands, des Liberalismus, der Unbequemen und Unruhigen erlangte bald den Ruf, das Erbe Weimars angetreten zu haben. Zusammen mit der späten Romantikergeneration, mit Tieck und den großen Schauspielern Emil und Eduard Devrient, den Opernsängern Wilhelmine Schröder-Devrient, Karoline Bauer, Joseph Tichatschek, mit den Schriftstellern Julius Mosen (1803–1867), Heinrich Laube (1806–1884), Alfred Meißner (1822–1885), Karl Gutzkow (1811–1874) blieb Dresden auch in den vierziger Jahren Heimstatt eines vergleichsweise freien Denkens, zumal Zensur und Polizeiaufsicht hier nie so unnachsichtig praktiziert wurden wie in Österreich und Preußen.

Auch die Kunst hatte Teil an den Einübungen des Ungehorsams. Die Journalisten und die Dichter, Hoffmann von Fallersleben, Ludwig Uhland, Gustav Freytag, Robert Prutz und Arnold Runge beschrieben während der vierziger Jahre auf unterschiedliche Weise eine Stadt im Aufbruch und im Widerspruch zur Vergangenheit. – Am Freitag, dem 10. März 1848, erschien das «Dresdner Morgenblatt für Unterhaltung und Belehrung» mit der Schlagzeile «Erste Censurfreie Nummer» – ein paradigmatischer Vorgang für Dresden bis zum Oktober 1989! Der große Aufstand vom Mai 1849 verriet bei allen Torheiten anarchistischen Denkens und Handelns etwas von dem unbezwingbaren Willen zur Freiheit. Es war bezeichnend, daß eine Elite des Dresdner Kulturlebens direkt oder indirekt an dem Aufbruch teilhatte: Richard Wagner und Gottfried Semper, Wilhelmine Schröder-Devrient, August Röckel, Hermann Köchly, um nur einige zu nennen.

Theodor Fontane, der mit Dresden auf vielfältige Weise verbunden war, schrieb 1873, «daß nichts falscher und ungerechter ist, als auf die Scharen des Maiaufstandes verächtlich herabzublicken». Und noch 1895, gleichfalls im Zusammenhang mit dem Maiaufstand: «Daß die Sachsen sind, was sie sind, verdanken sie nicht ihrer Gemütlichkeit, sondern ihrer Energie ... Sie sind die Überlegenen, und ihre Kulturüberlegenheit wurzelt in ihrer Bildungsüberlegenheit, die nicht vom neuesten Datum, sondern fast vierhundert Jahre alt ist.»

Begegnungen mit Dichtern und Schriftstellern

Als Fontane dies schrieb, war in Dresden freilich nur mehr wenig von den großen geistigen Bewegungen der vierziger Jahre zu spüren. Auch literarisch war es zu einer Stadt der Privilegierten, Rentner und der Touristen geworden. Zwischen 1868 und 1875 lebte Henrik Ibsen mit seiner Familie in Dresden. Er verkehrte bei Wolf Graf von Baudissin – eine Begegnung, die Spätromantik und Naturalismus personell zu verbinden scheint. Zur gleichen Zeit – nur wenige Jahre nach seinem Landsmann Iwan Turgenjew – hielt sich hier Fedor Dostojewski auf, bis 1871.

Sporadische Begegnungen erlebte Dresden mit Gottfried Benn, der 1914, zwei Jahre nachdem er in «Morgue» Gedichte über die Nachtseiten der humanen Existenz geschrieben hatte, die aus einer Dresdner Patrizierfamilie stammende Edith Osterloh heiratete; mit Peter de Mendelssohn und seinen Beziehungen zu Hellerau, diesem an der Peripherie der Stadt gelegenen Zentrum der modernen Kultur, und freilich auch mit Julius Langbehn, der ab 1885 hier sein Buch «Rembrandt als Erzieher. Von einem Deutschen» schrieb und darin die Gedanken von Volkstum und Rasse einer künftigen Barbarei vorbereitete. Ein anderer Schriftsteller, der mit Dresden tief verbunden blieb, war Martin Raschke (1904–1943). Der Verfasser von Gedichten, Erzählungen und drei Romanen – bekannt mit Günter Eich und Peter Huchel – war Vertreter einer unvölkischen Empfindsamkeit.

Die dramatische Kunst hatte in Dresden stets ein besonderes literarisches Gewicht. Otto Ludwig, der hier 1865 nach einem Aufenthalt von 22 Jahren in Dresden und Meißen starb, hatte in großartigen Versuchen um die Theorie des Dramas und um Shakespeare gerungen. Gegen Ende des Ersten Weltkriegs war das Albert-Theater in der Neustadt Schauplatz expressionistischen Aufbegehrens mit Stücken von Walter Hasenclever («Der Sohn»), Oskar Kokoschka («Mörder Hoffnung der Frauen»). Schon 1902 war Carl Sternheims Erstling «Auf Kurgdorf» gespielt worden. Trotz vieler Rückschläge – ein von nationalistischen Studenten inszenierter Theaterskandal bei der Erstaufführung von Ernst Tollers «Hinkemann» 1924, die Vertreibung des großen Dirigenten Fritz Busch 1933 – bewahrten die Dresdner Theater einen Geist demokratischer Öffentlichkeit: Im Jahr der Wende, 1989, standen Volker Brauns «Die Übergangsgesellschaft» und Christopher Heins «Die Ritter der Tafelrunde» auf dem Spielplan – unter dem Murren der Funktionäre; denn hier wurde das Ende des «realen Sozialismus» vorweggenommen. Der Höhepunkt an wiedergefundener Öffentlichkeit war jener legendäre Aufruf zum Widerstand, der seit dem 6. Oktober 1989 nach jeder Aufführung von der Bühne herab gesprochen wurde.

Auch der neben Brecht bedeutendste deutsche Dramatiker des 20. Jahrhunderts, Gerhart Hauptmann, war mit Dresden schicksalhaft verbunden: 1885 heiratete der Student an der Zeichenklasse der Königlichen Kunstakademie die vermögende Kaufmannstochter Marie Thienemann aus der Villa Hohenhausen in Radebeul und konnte nun eine innerlich bedrohte, aber materiell gesicherte Schriftstellerexistenz begründen («Die Jungfern vom Bischofsberg», «Das Abenteuer meiner Jugend»). Stets blieben die Bindungen zu Dresden eng: Noch 1943 wurde am Staatstheater «Iphigenie in Aulis» aufgeführt, und ab 1936 war der Schriftsteller und Bibliothekar an der Sächsischen Landesbibliothek Erhart Kästner sein Sekretär, der im «Zeltbuch von Tumilad» in der Einsamkeit der nordafrikanischen Kriegsgefangenschaft die Erinnerungen an Hauptmann und das untergegangene Dresden beschwor. Und am 13. Februar 1945 war der greise Gerhart Hauptmann einer der Augenzeugen der Zerstörung der alten Stadt. Seine Klage und Anklage wurde berühmt –, und sie wurde mißbraucht.

Bedenkenswert, daß die auch im Grauen des Zweiten Weltkrieges einzigartige Zerstörung Dresdens bisher künstlerisch nur fragmentarisch artikuliert wurde. Erich Kästners Reportage von 1946 «Und dann kam ich nach Dresden» gehört zu den verläßlichsten Zeugnissen.

Die Demütigungen durch den Krieg und jene, die der Abbruch der erhaltenswerten historischen Ruinen, später der einfallslose Aufbau und die ökologischen Verwüstungen der Stadtlandschaft angetan haben, sind von Autoren, die dem Dresdner Raum entstammten, in den letzten beiden Jahrzehnten unter den Bedingungen der Zensur vor allem in den Genres des Lyrischen und der kurzen Prosa reflektiert worden: von Heinz Czechowski (Jahrgang 1935, «Auf eine im Feuer versunkene Stadt»), Wulf Kirsten (Jahrgang 1934, «Die Erde bei Meißen»), in einzelnen Gedichten von Karl Mickel (Jahrgang 1935), Volker Braun (Jahrgang 1939) oder Manfred Streubel (Jahrgang 1936), Joochem Laabs (Jahrgang 1937) und Michael Wüstefeld (Jahrgang 1951).

Doch nur einem aus dieser Generation von Autoren, Thomas Rosenlöcher (geboren 1947), ist es bisher gelungen, in seinem «Dresdener Tagebuch / Die verkauften Pflastersteine» den Aufbruch vom Herbst 1989 in einem gültigen literarischen Zeugnis zu gestalten, das über das rein Dokumentarische hinausweist ins Offene einer künftigen Entwicklung.

1882 zog Kaiser Wilhelm I. in Dresden ein – daran erinnern die Fahnenmasten am Neustädter Markt, die elf Jahre später (1893) errichtet wurden. Sie stehen an der Stelle, an der die frühere Hauptstraße Dresdens, die Platanenallee, begann.

Folgende Doppelseite: Die schönste Sandsteinbrücke Dresdens verbindet Altstadt und Neustadt. Das zwischenzeitlich in Dimitroff-Brücke umbenannte Bauwerk heißt jetzt wieder Augustusbrücke.

Seite 188/189: In diesem prachtvoll ausgeschmückten Laden in der Bautzner Straße werden seit 1892 Milch und Käse verkauft.

Keine orientalische Moschee, sondern die erleuchtete Glaskuppel der Zigarettenfabrik Yenidze. 1909 im maurischen Stil erbaut, gehört sie heute zu den bedeutendsten Beispielen der Industriearchitektur in Deutschland (siehe auch Abbildung Seite 39).

Vorangehende Doppelseite: Platanenallee und barocke Bürgerhäuser: Der untere Teil der Neustädter Hauptstraße (mit dem Kügelgen-Haus, links) ist einer der schönsten Boulevards der Stadt.

Gerhard Glaser

Tradition als Verpflichtung

Denkmalpflege in Dresden

Wer um das Schicksal dieser Stadt weiß, möchte meinen, Denkmalpflege beginne für sie erst mit der Stunde Null nach der Nacht ihrer völligen Zerstörung am 13. Februar 1945. Der Denkmalpfleger war aber längst schon vorher gefordert, über die in Jahrhunderten gewachsene Gestalt der Stadt, über ihre Beziehungen zur Landschaft, über ihren Charme zu wachen. So ist es Cornelius Gurlitt (1850–1938) zu danken, daß nicht Paul Wallots unsensibler erster Entwurf für den Neubau des Sächsischen Landtages verwirklicht wurde, dem überdies der vordere Teil der Brühlschen Terrasse geopfert werden sollte, sondern nach beharrlicher Diskussion ein Bau, der sich nicht nur in die Elbsilhouette einfügte, sondern sie mit seinem Turm sogar bereicherte (1901–1903).

Die Achtung der jeweils gegenwärtig schöpferisch Tätigen vor den Leistungen der Väter reicht jedoch in Dresden viel weiter zurück. 1676 bis 1678, als das Barockzeitalter bereits angebrochen war, vollendete Johann Georg Starcke mit der Errichtung des südöstlichen Treppenturmes im Großen Hof des Dresdner Schlosses das damals bereits 130 Jahre zurückliegende Renaissancekonzept. 1723 ließ der Zwingerbaumeister Pöppelmann im Grünen Gewölbe des Schlosses den Renaissancestuck von 1556 restaurieren. Die Architekturidee Pöppelmanns für das Wasser- und Bergpalais Pillnitz aus den Jahren 1721 bis 1724 mit seinen ostasiatisch geschweiften Dächern führten die klassizistischen Architekten Christian Friedrich Exner 1789 und 1790 mit den Flügelbauten und Christian Friedrich Schuricht 1818 bis 1826 mit dem Neuen Palais weiter. Nach den Zerstörungen des Zwingers im Revolutionsjahr 1849 fügte Ernst Moritz Hähnel einfühlsam Ergänzungsbauten seitlich des Stadtpavillons an. Noch 1943, in dem festen Glauben, Dresden werde unbeschadet den Zweiten Weltkrieg überstehen, wurden nach durchgreifender konstruktiver Sicherung, begonnen 1924, in der Frauenkirche an der Kuppelausmalung Restaurierungsarbeiten vorgenommen. Sie waren nicht ganz abgeschlossen, als der Bau – noch sichtbar, als sich die Rauchwolken über Dresden zu lichten begannen – am 15. Februar 1945, gegen 10 Uhr vormittags, ausgeglüht in sich zusammenbrach.

Praktisch tätige Denkmalpflege setzte schon Wochen, ja Tage danach ein und nahm bald organisierte Formen an. Der berühmten Klage Gerhart Hauptmanns, «Wer das Weinen verlernt hat, der lernt es wieder beim Untergang Dresdens ...», stehen die nüchternen Worte im Bericht über die erste «Bergung-Wiederaufbau-Sitzung» der Kulturabteilung der Landesverwaltung Sachsen am 4. August 1945 gegenüber: «Es wurden zunächst die vordringlichen Bergungsorte in Dresden festgelegt und in folgender Reihenfolge nach ihrer Wichtigkeit geordnet.» An erster Stelle stand der Zwinger, gefolgt von Schloß, katholischer Hofkirche, Frauenkirche, Sophienkirche, Neumarkt mit Stallhof und Johanneum, Rampischer Gasse, Japanischem Palais, Palais im Großen Garten, Coselpalais und Kurländer Palais. Jene Männer der ersten Stunde sahen ihr Handeln zunächst einmal auch in der Geschichte der Zerstörungen der Stadt selbst begründet. Im Bericht über die sechste Bergungs- und Wiederaufbausitzung lesen wir: «Wenn man [...] Bilder des zerstörten Dresdner Pirnaischen Platzes von 1763 mit denen späterer Zeiten vergleicht, dann erkennt man, daß es doch möglich ist, große Zerstörungen zu beseitigen und eine Stadt in voller Schönheit neu erstehen zu lassen.» Selbst der Verkehrsplaner Bockemühl, obwohl ansonsten in der Schußlinie des Landesdenkmalpflegers, ging davon aus, das Wesen der

Stadt zu bewahren, wenn er schreibt: «Die Möglichkeit der Erhaltung dieser historischen Fassade, die Dresdens Weltruf begründete, ist einer der wenigen Lichtblicke über den düsteren Trümmerhaufen, denn sie wird Dresdens Ruf als eine der schönsten Städte Deutschlands in eine Zeit neuer Blüte hinübertragen. Dieser Ruf aber fordert eine besondere Verantwortung. Wie weit soll die Bewahrung des Historischen gehen?»

Diese Frage wurde vierzig Jahre hindurch immer wieder neu gestellt in den Diskussionen um den Wiederaufbau der Stadt. Sie wird es bis auf den heutigen Tag.

Hanns Hopp beantwortete sie mit seinem Planungsvorschlag vom Juni 1945, eine neue Stadt auf zerstörtem Grund zu bauen und in einem Grüngürtel entlang der Elbe, überragt durch Hochhäuser, die Ruinen einiger Monumente von endgültig vergangener Zeit künden zu lassen – museal entrückt. «Die historischen Raumstrukturen des Ensembles Neumarkt/Jüdenhof, Schloßstraße, Münzgasse – Rampische Gasse sind aufzunehmen ... Die Einbeziehung historischer Leitbauten, die den städtebaulichen und architektonischen Maßstab des Ensembles bestimmen, ist vorzusehen ...», war in der Ausschreibung zu einem Wettbewerb über die Neubebauung des Gebietes zwischen Ernst-Thälmann-Straße und Neumarkt im Jahre 1983 zu lesen.

Dazwischen liegen 38 Jahre zähen Ringens nicht nur der Denkmalpfleger um jede einzelne Ruine. 1948 massiv einsetzende ideologische Vorbehalte gegen die Zeugnisse «überwundener Gesellschaftsordnungen» führten zu schmerzlichen Verlusten wiederaufbaufähiger Denkmale, so 1949 der barocken Bürgerhäuser der Großen Meißner Gasse, 1950 des Neustädter Rathauses von Johann Christoph Knöffel, 1951 des Palais Oppenheim an der Bürgerwiese und 1955 der Villa Rosa an der Holzhofgasse, beides Bauten von Gottfried Semper. 1956, zur 750-Jahr-Feier der Stadt Dresden, mußten die barocken Bürgerhäuser der Rampischen Gasse fallen und 1962 das Palais Wackerbarth, bis 1945 Sitz des Landesamtes für Denkmalpflege, in dem sogar das schöne Haupttreppenhaus noch begehbar war. Höhepunkt und Abschluß dieser ideologisch motivierten Vernichtung Dresdner Baukultur war 1962 und 1963 der Abbruch der weitestgehend erhaltenen Umfassungsmauern und Türme der Sophienkirche, des letzten in der Dresdner Innenstadt verbliebenen gotischen Bauwerkes. Dennoch konnte vieles auch gerettet werden, so die Torhäuser des Coselpalais und das Kurländer Palais, die 1965 und danach abgebrochen werden sollten, das Dresdner Schloß, in den ganzen fünfziger Jahren vom Abbruch bedroht, die Oper, deren Abbruch als «Königliches Hoftheater» man 1949 erwog, ja selbst die Gemäldegalerie, die einer neuen Gestaltung des Theaterplatzes unter Einschluß des Zwingerhofes weichen sollte – eine Perversion des Semperschen Forumplanes.

Anfang der siebziger Jahre hörte zwar die politisch motivierte Beargwöhnung denkmalpflegerischer Bemühungen endgültig auf, aber bereits seit Mitte der sechziger Jahre wurden die Auswirkungen der verfehlten Baupolitik der DDR-Regierung auch auf die Wiederherstellung der Baudenkmale immer deutlicher spürbar. Die in der Bauerhaltung erfahrenen Baubetriebe schrumpften von Jahr zu Jahr, und nunmehr gerieten die vom Krieg verschont gebliebenen Denkmale und denkmalwürdigen Stadtlandschaften in Gefahr. Die verbliebenen Ruinen der großen Monumente konnten nicht mehr gesichert werden. Der ersten Phase der Bergung und Sicherung seit 1945 war um 1955 zunächst verstärkt die gänzliche Wiederherstellung der ideologisch unverdächtigen Monumente gefolgt, meist verbunden mit einer neuen Nutzung. Neben diesen Aufgaben erwuchsen dem Denkmalpfleger seit 1977 auch solche städtebaulichen Ausmaßes.

Die geborgenen Fragmente, deponiert zunächst in den Kellern des Zwingers, den Gewölben des Dresdner Schlosses, der Gruft der katholischen Hofkirche und im Palais im Großen Garten, wurden nicht nur als Originale oder Modelle für den Wiederaufbau der einzelnen Denkmale verwandt, sondern auch, wenn deren Wiederherstellung nicht möglich war, als Kleinarchitekturen an Neubauten oder anderen Denkmalen eingefügt. Der Brunnen aus dem Hause Johann Melchior Dinglingers, Frauengasse 9, ist heute am Gewandhaus zu sehen, die Wiedererrichtung des Hofbrunnens des Palais Hoym wurde 1983 am Erweiterungsbau des ehemaligen Volkspolizeikreisamtes nahe seinem ursprüng-

Zu einer mächtigen Renaissanceanlage wurde das Residenzschloß im 16. Jahrhundert. Diese Aufnahme zeigt das Schloß mit dem Wettiner-Obelisken 1936.

lichen Standort möglich. Diese Versetzungen wie auch die von Teilen des Kinderfrieses vom Erker des Wohnhauses Heinrich Schütz' an einen Wohnbau an der Ecke Gewandhausstraße mögen als Beispiele für das Bemühen stehen, an gänzlich Verlorenes eine gegenständliche Erinnerung zu bewahren.

Zwinger, Hofkirche und Opernhaus

Die ersten Monumente, die über Sicherungen hinaus einen allseitigen Wiederaufbau erfuhren, waren der Zwinger und die Katholische Hofkirche. Dr. Hubert Ermisch, der sein Lebenswerk, die vierte große Zwingerrestaurierung (1926–1936) vernichtet sah, kam in seiner Denkschrift vom 17. Juni 1945 «Ist die Rettung des Dresdener Zwingers möglich?» am Schluß zu der Feststellung: «Diese Wiederherstellungsarbeiten müssen auf Jahre verteilt werden, da erfahrungsgemäß nur wenige Bildhauer, Steinbildhauer, Steinmetzen, Kupferklempner und Spitzmaurer die Fähigkeiten zu derartig schwierigen Arbeiten besitzen. Sie müssen Künstler ihres Faches sein, Fingerspitzengefühl besitzen und mit dem Bewußtsein arbeiten, daß ihre eigene Arbeit sich dem Gesamtwerk unterzuordnen hat. Einige Mitarbeiter aus den Jahren 1924 bis 1936 leben noch und würden wohl auch zu erneuter Mitarbeit bereit sein.» So geschah es. Das Werk fand 1964 seine Vollendung. Wenn auch die Wiederherstellung des Äußeren eine nicht nur denkmalpflegerisch bedeutsame Leistung darstellt, so trifft das nicht zu für die Innenräume der Pavillons, die, in reduzierter oder frei barockisierender Weise wiederhergestellt, den Ansprüchen, die wir an ein solch bedeutsames Zeugnis europäischer Barockkultur stellen müssen, nicht standhalten. Bisher vermitteln nur die Langgalerien einen weitgehenden Eindruck von der originalen Gestalt der Innenräume. Im Marmorsaal des Französischen Pavillons ist eine Architekturprobeachse nahezu vollendet, die einen Eindruck vom einstigen Glanz dieses Raumes ermöglicht. Die vom Institut für Denkmalpflege geübte Methode der Probe-

Mit fernöstlichem Flair erhebt sich das Japanische Palais zur Platzseite hin (hier um 1910). Es war eines der Gebäude, die nach dem Krieg auf der Liste der Restauratoren ganz oben standen.

Das Cosel-Palais, das der Dresdner Baumeister Johann Christoph Knöffel im 18. Jahrhundert gebaut hatte, um 1905. Die nach 1945 teilweise noch erhaltenen beiden Flügelbauten entgingen in den sechziger Jahren nur knapp dem Abriß.

Einst hatte es August der Starke für seine Mätresse, die Gräfin Cosel, von Pöppelmann erbauen lassen: das Taschenbergpalais (hier um 1930), von dem heute nur noch die Fassade Zeugnis der früheren Pracht ablegt.

Als eines der bedeutendsten Bauwerke Knöffels gilt das Kurländer Palais am Zeughausplatz (hier um die Jahrhundertwende). Nach seiner Zerstörung 1945 setzte man es auf die Restaurierungsliste, erst jetzt wird das Palais wieder-aufgebaut.

Das war alles, was vom einzigartigen Wallpavillon des Zwingers übrig blieb: Nach der verheerenden Februarnacht des Jahres 1945 reckten sich nur noch die Pfeiler in den Himmel, von dem die zerstörerischen Bomben gefallen waren.

restaurierungen am Bau hat sich in Dresden an vielen Beispielen bewährt. Sie hat nicht nur dem Selbstverständnis des Instituts, der Ermittlung der richtigen Technologie und des tatsächlichen Aufwandes gedient, sondern auch der Entscheidungsfindung der jeweiligen Auftraggeber. Am Langen Gang des 1586 bis 1590 entstandenen Stallhofes wurde 1969 an zwei Architekturachsen die Bemalung probeweise an der Stelle rekonstruiert, wie sie ein Gemälde «Karussellreiten im Stallhof» aus dem Jahre 1600 zeigt. Dabei wurde offensichtlich, daß Architektur und Bemalung als Einheit konzipiert waren und nicht voneinander zu trennen sind. Im Jahre 1984 fanden die Arbeiten ihren Abschluß. Die südliche Zuschauergalerie auf der mittelalterlichen Stadtmauer, deren Außenwände gegeneinander gefallen waren, wurde abgebaut und aus dem gleichen Material wieder errichtet, die Blendmauer der Rampe, durch die Explosionen der Luftminen bis zu 25 Zentimeter aus ihrer ursprünglichen Lage gedrückt, dagegen in diesem Zustand belassen – Dokumentation und Mahnung an das Geschehen des 13. Februar 1945. Die verbliebene Westwand des Kanzleihauses und die Nordwände der Gebäude südlich der Rampe wurden zunächst bis zur Höhe der Blendmauer ergänzt, so daß sich eine geschlossene Mauerschale um das Rampenbauwerk ergibt. Die beiden großartigen Pylone und 34 Pilare der Turnierkampfbahn, 1591 von Merten Hilger gegossen, sind zum größeren Teil wiederaufgestellt und werden bald vollständig zu sehen sein. Inmitten der in dunkelgrau, weiß und silbergrau illusionistisch gemalten Wände um diesen Festspielplatz der Renaissance erlebt der Besucher des Stallhofes etwas von dem herben Glanz, den die mitteleuropäischen Residenzen des 16. Jahrhunderts ausstrahlten.

1979 konnte auch das 101 Meter lange monumentale Wandbild des Fürstenzuges vollständig restauriert präsentiert werden. Das von Wilhelm Walther 1873 bis 1876 zunächst in Sgraffitotechnik geschaffene Werk war 1904 bis 1907 in allergrößter Originaltreue auf 24 000 Meißner Porzellanfliesen übertragen worden und hatte 1945 durch Brand und Splitterwirkung Schäden erlitten. Die Verschmutzung hatte einen solchen Grad erreicht,

Erschütternd der Blick vom Turm des Neuen Rathauses auf die zerstörte Altstadt (1946/47). Das Flächenbombardement der Alliierten hatte Dresden in Schutt und Asche gelegt, sein Leben schien ein für alle Mal erloschen.

daß die Ornamente im oberen Bereich aus einiger Entfernung nicht mehr erkennbar waren. Nach einer gründlichen chemischen Zweikomponentenreinigung und der Ergänzung bzw. Ersetzung von 665 Fliesen erstrahlt der Fürstenzug im alten Glanz.

Die unter Leitung des Dresdner Instituts für Denkmalpflege vorgenommene probeweise Restaurierung je einer Architekturachse im oberen Rundfoyer und oberen Vestibül des Opernhauses 1969 und 1970 war entscheidend für die Festlegung, das gesamte Interieur Semperschen Vorstellungen getreu wiederherzustellen. Mit der wissenschaftlichen Vorbereitung, der Projektierung der gesamten historischen Details und der ständigen Betreuung der Herstellung der bildkünstlerischen Ausstattung war dem Institut für Denkmalpflege eine Aufgabe bisher nicht gekannter Dimension gestellt. Genau auf den Tag vierzig Jahre nach ihrer Zerstörung wiedereröffnet, war die Oper wie wohl kaum ein anderes Vorhaben vom öffentlichen Bewußtsein der Dresdner Bevölkerung getragen worden.

Nachdem sie am 13. Februar 1945 mit der gesamten Stadt in Flammen aufgegangen war, stand eine Rekonstruktion der Innenräume der Oper zunächst überhaupt nicht zur Diskussion. Es ging vielmehr um das Überleben der Ruine, die allerdings in den Vestibülen und Foyers noch sehr viel erhaltene Innenarchitektur barg. Ab September 1946 begannen erste Sicherungsarbeiten am südlichen Garderobenbau, die jedoch im Jahre 1948 – nach Einsturz des westlichen Bühnenhausgiebels – zum Erliegen kamen. 1949 war der Bau in höchstem Maße gefährdet, der Abbruch der Ruinen wurde erwogen. Nicht zuletzt den Aktivitäten des Architektenverbandes in der damaligen Sowjetischen Besatzungszone, einer großangelegten Unterschriftensammlung der Arbeiter des Sachsenwerkes Niedersedlitz und zahlreicher Theaterschaffender und schließlich dem Gutachten des Sächsischen Landesamtes für Denkmalpflege vom Januar 1950 ist es zu danken, daß 1952 die «Erhaltung und vorerst Sicherung» der Semperoper beschlossen wurde.

Folgende Doppelseite: Vier Jahre nach Kriegsende glich die Stadt noch immer einem Trümmerhaufen.

1,5 Millionen Mark spendete die Dresdner Bevölkerung, die gleiche Summe stellte die Staatliche Plankommission zur Verfügung, so daß 1953 bis 1955 die Bühnenhausgiebel

Der Altmarkt in Dresden, 1370 erstmals erwähnt, gilt als das historische Zentrum der Stadt. Noch um 1935 war er ein Ort pulsierenden Lebens und bildete mit seinen Wohn- und Geschäftshäusern einen Anziehungspunkt für Handel- und Gewerbe.

Der im Zweiten Weltkrieg völlig zerstörte Altmarkt. Wie eine öde Schneise der Verwüstung zog sich noch 1949 die Johannstraße an den Trümmern vorbei.

Blick auf die Ostseite des Altmarktes. Rechts im Bild die Kreuzkirche.

wiedererrichtet, die Zuschauerraumwände saniert und der gesamte Bau unter Dach gebracht werden konnten. Die Jahre 1963 bis 1970 waren geprägt von der Diskussion um die Art und Weise der Gestaltung der rückwärtigen Anbauten und des Interieurs. 1974 kam der Wiederaufbau endgültig in Gang. Am 24. Juli 1977 wurde der Grundstein gelegt – Auftakt zu einer beglückenden Gemeinschaftsarbeit von Architekten, Bauarbeitern, Handwerkern, Denkmalpflegern, Restauratoren und Bildenden Künstlern.

Die am Opernbau leitenden Malerrestauratoren Helmar Helas (†) und Matthias Schulz hatten zuvor mit der Rekonstruktion der Kuppelausmalung von Stefano Torelli in der Sakramentskapelle der katholischen Hofkirche, der Kathedrale des Bistums Dresden-Meißen, zwischen 1976 und 1978 bewiesen, daß bisher nicht übliche Ausmaße einer Rekonstruktion doch möglich sind, wenn sie auch Grenzfälle denkmalpflegerischer Arbeit bleiben werden – und wohl nur Berechtigung haben, wenn sie unerläßlich für die Gesamtgestalt eines Bauwerkes, für seine künstlerische Einheit, oder gar für die kulturelle Identität einer Stadt sind, die in dieser Hinsicht schon entscheidende Verluste erleiden mußte.

Auch hier war 1971 und 1972 die Proberekonstruktion einer Engelgruppe vorausgegangen. Mit der Fertigstellung der Sakramentskapelle im Jahre 1984 hatte der Wiederaufbau der Katholischen Hofkirche insoweit seinen Abschluß gefunden, als das Bauwerk nun wieder gänzlich seinem ursprünglichen Zwecke gemäß nutzbar war. Der konstruktiven Zusammenarbeit kirchlicher Amtsträger und staatlicher Einrichtungen war es zu danken, daß dieses in die Silhouette der Stadt großartig hineinkomponierte Bauwerk des Römers Gaetano Chiaveri – 1945 dächerlos, mit eingestürztem Gewölbe des Hochschiffes, der Seitenschiffe und der Kreuzkapelle – nach vierzigjähriger zielstrebiger Arbeit auch im Innern nahezu vollständig wieder die Gestalt erreichte, die es vor der Zerstörung besessen hatte. Der Name von Propst Willibrord Sprentzel muß hier vor allem genannt werden.

Das Johanneum, erbaut 1586 bis 1591, ausgebaut im 18. und 19. Jahrhundert, wurde als einziges Gebäude am Neumarkt wieder aufgebaut und beheimatet heute das Verkehrsmuseum. Davor der Türkenbrunnen.

Am 21. Mai 1945 begannen die Bergungsarbeiten, am 17. Juni fand der erste Gottesdienst in der wenig beschädigten Bennokapelle statt. 1947 wurde das südliche Seitenschiff vollendet, 1950 das Hochschiffdach gerichtet, 1955 die Rohbauarbeiten abgeschlossen, 1962 fand die Hochaltarweihe statt, 1968 wurde die Kreuzkapelle fertiggestellt, 1971 die wiederaufgestellte Silbermannorgel geweiht und der verbrannte Prospekt nach Fotos rekonstruiert, 1976 die Benno- und Johann-Nepomuk-Kapelle fertiggestellt, 1987 die Restaurierung und Teilrekonstruktion der Kanzel von Balthasar Permoser und Johann Joseph Hackl abgeschlossen – soweit die wichtigsten Daten des Wiederaufbaus.

Die Palais und das Residenzschloß

Im Palais im Großen Garten, das 1678 bis 1683 errichtet wurde und – obwohl fernab aller Bebauung – am 13. Februar 1945 ebenfalls in Brand gesetzt und völlig zerstört wurde, steht im gesicherten Bau seit 1974 eine Architekturachse des großen Mittelsaales in Stuck und Kunstmarmor restauriert; sie kündet von der prachtvollen Wirkung dieses Raumes im Schnittpunkt der großen Achsen des weiten Gartens. 1983 und 1984 wurde die große gewölbte Mittelhalle des Erdgeschosses im Stuck restauriert und rekonstruiert, 1990 der nördlich anschließende Saal in seiner Stuckierung abgeschlossen.

Gegenwärtig werden die gleichen Arbeiten in den Seitensälen des Erdgeschosses fortgesetzt und die während der Sicherung 1953 bis 1970 nicht mit erfaßten Fassadenteile in ihrer Sandsteinarchitektur restauriert. Die Wiederherstellung der gesamten kupfernen Dachzier steht noch aus. In einer «Aktion von unten» nahm die Dresdner Bevölkerung am 15. Juni 1991 in einem bewegenden Konzert in der großen Erdgeschoßhalle Besitz von diesem Bau, öffneten sich erstmals wieder die Tore seit der Zerstörung vor 46 Jahren. Schrittweise wird so ein weiteres der großen Dresdner Monumente als Sommerveranstaltungs- und Ausstellungszentrum nutzbar werden.

Auf den Grundmauern des Kurfürstlichen Zeughauses wurde das Albertinum (hier die Rückansicht) 1887 als Museum erbaut. Erhalten blieben vom Zeughaus aus dem 16. Jahrhundert das Kellergewölbe und das Erdgeschoß. Heute beherbergt das Albertinum die Gemäldegalerie Neue Meister und das Grüne Gewölbe.

Das Japanische Palais, von August dem Starken als großartiges Porzellanmuseum initiiert, dessen Innenräume aber Planwerk blieben, beherbergte seit Ende des 18. Jahrhunderts die Antikensammlung und die Kurfürstliche Bibliothek und wird heute von den Museen für Vorgeschichte und Völkerkunde genutzt. Hier steht eine Probeachse zur Gestaltung der großen Eingangshalle nach der Pöppelmannschen Planung. Die Rekonstruktionsprobe 1974 und 1975 zur Ausmalung des «Saales der Gruppen» in der Folge der 1834/35 von Gottfried Semper neu ausgestatteten Antikensäle führte 1979 zur Gesamtherstellung dieses Raumes und zu der Entscheidung, auch den «Saal der Satyrisken» und den «Saal der Herkulanerinnen», in denen Reste der originalen Ausmalung die Zerstörung überdauerten, zu restaurieren. Der zur Zeit im Gange befindliche Ausbau des Erdgeschosses für die Ausstellungen des Landesmuseums für Vorgeschichte und des Obergeschosses für die des Staatlichen Museums für Völkerkunde ist die letzte Phase der seit 1951 laufenden Wiederaufbauarbeiten des bei dem Luftangriff im April 1945 vollständig zerstörten Palais. Zwischen 1978 und 1986 wurde die Kupfereindeckung der 1951 bis 1954 wiederhergestellten «japanischen» Dächer mit allen Profilen und Zieraten vorbildlich ausgeführt.

Durch Konservierungen und Proberestaurierungen an der weitgehend erhaltenen historischen Ausstattung des Grünen Gewölbes im Residenzschloß bereiteten sich Denkmalpfleger, Künstler und Kunsthandwerker auf den Wiederaufbau des Schlosses als Museumszentrum vor, das diese berühmte Sammlung wieder als Gesamtkunstwerk der Kostbarkeiten und der für sie geschaffenen Architektur am historischen Ort präsentieren wird. In diesem Sinne sind jetzt schon Teile des Silberzimmers, des Elfenbein- und des Weißsilberzimmers in der gegenwärtigen Ausstellung im Albertinum zu betrachten und restaurierte bzw. rekonstruierte Teile vom Pretiosensaal, Wappen-, Juwelen- und Bronzenzimmer an ihrem historischen Ort im Schloß wieder eingebaut. Ähnlich wie die Bauaufgabe der Oper ist die des ehemaligen Residenzschlosses Gegenstand langfristiger und gründlicher Überlegungen gewesen. Nach Erwägungen, das Schloß als Hotel, Studentenwohnheim oder für die Sächsische Landesbibliothek zu nutzen, war 1960 in einem Studentenentwurf am Lehrstuhl Professor Rolf Göpfert der Nachweis erbracht worden, daß sich die Grundrißstrukturen des Ensembles funktionell sehr gut für die zentrale Aufbewahrung, Darstellung und Pflege eines großen Teiles der Dresdner Kunstsammlungen eignen. In einer Vielzahl weiterer Studentenentwürfe wurde das Schloß seitdem immer wieder auf diese Eignung hin untersucht. Die Ergebnisse gingen ein in die Aufgabenstellung zu Wiederaufbau und Nutzung des Schlosses.

Am Beispiel des Dresdner Schlosses wird besonders deutlich, welch große Hilfe die Fakultät für Bauwesen, vor allem die Sektion Architektur an der Technischen Universität Dresden in Gestalt von Aufmaßarbeiten, Studentenentwürfen, Dissertationen und Gutachten zu so gut wie allen wiederaufbaufähigen Denkmalen gaben und welch hervorragende Rolle diese vorzugsweise in der Phase der Entscheidungsfindung spielten. Die Architekturprofessoren folgen damit der noch vor der Jahrhundertwende durch Professor Cornelius Gurlitt, dem Herausgeber der «Beschreibenden Darstellung der Bau- und Kunstdenkmäler im Königreich Sachsen», begründeten Tradition engster Zusammenarbeit zwischen Staatlicher Denkmalpflege und Hochschule.

In den Diskussionen – besonders der letzten Jahre – um den Wiederaufbau des Schlosses, die nicht nur unter den Fachleuten, sondern in der gesamten kulturell interessierten Bevölkerung geführt wurden, bildete sich immer mehr die Auffassung heraus, das Schloß nicht nur – wozu man in der politischen Situation 1960 angetreten war – als Gehäuse der Staatlichen Kunstsammlungen zu betrachten, sondern das Ensemble in erster Linie als Denkmal aufzufassen, in dessen heute noch vorhandenen Strukturen sich fünf Jahrhunderte Geschichte Sachsens, eines der bedeutendsten deutschen Territorialstaaten, vergegenständlichen.

Daraus ergaben sich Überlegungen, außer der Raumgruppe des Grünen Gewölbes weitere Innenräume originalgetreu wiederherzustellen: Den Riesensaal, bis ins 18. Jahrhundert Ort aller staatlichen Handlungen und früheste Heimstatt der Staatskapelle, die Schloßkapelle als Hauptwirkungsstätte von Heinrich Schütz, Thronsaal und Schlafzimmer Augusts des Starken als repräsentativen Ausdruck des absolutistischen Herrschertums, den Ballsaal mit seinen Allegorien der Künste als Ausdruck des Kunstsinns des Herrscherhauses in der Mitte des 19. Jahrhunderts.

Die Voraussetzungen hierfür sind gegeben durch zum Teil ausgelagerte Ausstattung und Ausbauteile dieser Räume, durch an Ort und Stelle noch vorhandene Architekturdetails, durch eine Vielzahl historischer Pläne und Gemäldeentwürfe und durch unlängst zugänglich gewordene Farbdias aus der Zeit des Zweiten Weltkrieges. Insgesamt wurden etwa 1500 historische Zeichnungen zum Dresdner Residenzschloß erfaßt. Die äußeren, der Stadt zugewandten Fassaden, deren historistische Gestalt in den Jahren zwischen 1889 und 1901 entstand, werden auf dieser Grundlage wiederhergestellt, während der Große Schloßhof, durch das Feuer bis auf die Rohbausubstanz des 16. Jahrhunderts reduziert, seine Renaissanceerscheinung, die seit 1701 schrittweise verlorengegangen war, zurückerhalten soll.

Bereits 1946 bis 1948 waren ein großer Teil der zu 85 Prozent erhalten gebliebenen Erdgeschoßgewölbe und der Schloßturm durch Notbedachungen gesichert worden. Ab 1962 wurden Sicherungsarbeiten verstärkt durchgeführt, begünstigt durch Interimsnutzungen von Teilen der Ruine. Solche Teilbaumaßnahmen stellten bereits eine erste Vorarbeit des Wiederaufbaus dar, der dann nach langem Drängen der Dresdner mit der durchgängigen Sicherung und zunächst äußeren Wiederherstellung im Jahre 1986 schließlich begann. Inzwischen sind der Westflügel und der westliche Nordflügel unter Dach. Am Turm, am östlichen Nordflügel und am Zwischenflügel zwischen Großem und Kleinem Schloßhof wird gearbeitet.

Diese Streiflichter auf die denkmalpflegerischen Bemühungen um wesentliche Monumente der Stadt wären zu ergänzen um die ebenfalls zerstört gewesenen Bauten Land-

Fortsetzung Seite 219

Ein Obelisk für den Postkutschenverkehr: Auf dieser Säule an der Allee bei Schloß Moritzburg kann man heute noch die eingemeißelten Wegzeiten der Postkutsche für einzelne Strekken ablesen.

Folgende Doppelseite: Eingebettet in eine unberührte Teichlandschaft, erhebt sich Schloß Moritzburg auf einer leichten Anhöhe: Baukunst und Natur ergänzen sich.

Wie Vorposten sind auf jeder Seite von Schloß Moritzburg zwei quadratische Häuschen am Ufer des Teiches plaziert (oben). Sie stellen eine Verbindung her zwischen Wasserfläche und dem großen Baukörper des Schlosses. Die Parkanlage (unten) ist leider noch nicht vollständig wiederhergestellt.

In der Kapelle von Schloß Moritzburg ist vor allem der marmorne «Schmerzensmann» von Balthasar Permoser bemerkenswert. Die Erstfassung dieser Plastik befindet sich in der Dresdner Hofkirche.

Die Wände dieses Saals von Schloß Moritzburg zieren Geweihe, die auffällige Mißbildungen aufweisen. Diese eigenartige Sammlung zeugt von der Vorliebe des Barock für das Kuriose.

Die Innenausstattung von Schloß Moritzburg hat sich nahezu vollständig bis heute erhalten. Bedeutende Künstler wie der Hofmaler Louis de Silvestre oder der Tapetengestalter Pierre Mercier wirkten an dieser Aufgabe mit. Neben Porzellan und Möbeln beherbergt das Schloß eine sehenswerte Sammlung von Kutschen und Sänften.

Klara May, die Witwe des Abenteuer-Schriftstellers, gründete 1928 das Karl-May-Museum in Radebeul. Das Museum war als «Werbemaßnahme» für den Verlag gedacht, in dem Klara May die Romane ihres Gatten herausbrachte.

Viele der wertvollen indianischen Ausstellungsstücke, die in der «Villa Shatterhand» und «Villa Bärenfett» zu sehen sind, wurden von dem seinerzeit berühmten Artisten Patty Frank gesammelt. Er trug sie auf seinen Amerikatourneen zusammen.

Darstellung einer orientalischen Szene aus Karl Mays Romanen an der Eingangstür des Karl-May-Museums.

Folgende Doppelseite: Auf eine über tausendjährige Geschichte kann die Stadt Meißen zurückblicken. Anfang des 18. Jahrhunderts wurde hier das Porzellan erfunden.

Der historische Markt von Meißen mit seinen Bürgerhäusern aus der Renaissance und Neurenaissance. Über die romantischen Schloßstufen führt der Weg vom Markt zur Albrechtsburg.

haus, 1963 bis 1967 als Museum zur Geschichte der Stadt Dresden wiederaufgebaut, um die Kunstakademie, die zwischen 1945 und 1965 nach und nach die ausgebrannten Räume wieder in Besitz nahm, das Neue Rathaus, dessen festliches Haupttreppenhaus 1964 restauriert werden konnte. Ebenso ist das Gewandhaus zu nennen, seit 1964 ein beliebtes Hotel, oder die Sekundogenitur, ebenfalls seit 1964 als Gaststätte dienend, das Albertinum, das 1953 wieder sein Dach erhielt und 1961 bis 1965 im zweiten Obergeschoß für die Gemäldegalerie Neue Meister und 1969 im Erdgeschoß für die Antikensammlung ausgebaut wurde, wie auch die Torhäuser des Coselpalais, die zwischen 1967 und 1977 allmählich wiederaufgebaut wurden, und schließlich das Blockhaus, das seit 1980 in alter beherrschender Stellung über den Neustädter Brückenkopf wacht.

Zwei bedeutende Zeugnisse barocker Dresdner Baukultur stehen neben dem Residenzschloß als große Einzelaufgaben noch bevor: das Taschenbergpalais, 1706 erste große Bauaufgabe Matthäus Daniel Pöppelmanns in Dresden, und das Kurländer Palais, 1728 bereits den beruhigten Stil einleitend, in dem barockes Bauen in Dresden ausklingt.

Diese Aufzählung bliebe aber dennoch unvollständig, würde man nicht die Arbeiten an den großen Denkmalen mit einschließen, die, unzerstört zwar, trotzdem einer laufenden Unterhaltung bedürfen, verbunden oft mit der Rückgewinnung zwischenzeitlich verlorener Strukturen. Das betrifft insbesondere Schloß Pillnitz mit der seit 1964 im Gange befindlichen Restaurierung und Rekonstruktion der äußeren Bemalung und der Innenräume des Kaiserflügels 1966 bis 1970, der des Wasserpalais seit 1989 und von Schloß Moritzburg, dessen illusionistische Fassadengliederung nach Pöppelmann seit 1978 in der Wiederherstellung begriffen ist. Auch hier ging die Erarbeitung einer Architekturprobeachse voraus. Im Fall von Schloß Albrechtsberg und Schloß Eckberg, 1987 nach denkmalpflegerischen Prinzipien wiederhergestellt, waren es vor allem Kunsthandwerker der 1978 gebildeten Denkmalpflegewerkstätten «VEB Denkmalpflege Dresden», die die erstrangigen Innenarchitekturen des 19. Jahrhunderts freilegten und im ursprünglichen Sinne restaurierten.

Mit der 1977 begonnenen komplexen Instandsetzung und Revitalisierung des 1945 nicht zerstörten westlichen Teiles der Inneren Neustadt, die mit der 1979 wiederhergestellten Westseite der Straße der Befreiung ein erstes Ergebnis zeigte, wurde auch in Dresden deutlich, daß eine unter denkmalpflegerischen Aspekten durchgeführte Stadtsanierung diese Stadtgebiete nicht nur besser bewohnbar macht, sondern auch wesentlich beiträgt zur Identifikation der Bürger mit ihrer Stadt und sich außerdem positiv auf den Maßstab der benachbarten Neubauten auswirkt. Diese Erfahrung kommt nun auch der Modernisierung der Quartiere der Äußeren Neustadt und der verbliebenen Wohnbebauung des 19. und frühen 20. Jahrhunderts der Johannstadt mit ihren zum Teil bedeutsamen Fassaden des Historismus und Jugendstils zugute.

Die Entscheidung, vor der Dresden 1945 stand, eine neue Stadt auf zerstörtem Grund zu bauen, wie es die Konzeptionen von Hanns Hopp und Mart Stam vorsahen, oder die Stadt als historisch-künstlerische Dimension zu begreifen und für die kommenden Generationen zu bewahren, wurde in nahezu vierzigjähriger, bewegter Diskussion zugunsten der Kontinuität und kulturellen Identität entschieden. Was es aber bedeutete, im Interesse dieser kulturellen Identität im Laufe von vierzig Jahren wenigstens einen Teil von dem zurückzugewinnen, was in einer einzigen Nacht in Flammen aufging, was es bedeutete, allein die Ruinen trotz politischer Vorbehalte und verfehlter Baupolitik über die vierzig Jahre zu bringen, können nur die ganz ermessen, die über Jahrzehnte hinweg dazu beigetragen haben.

Nicht geringer werden die Anstrengungen nach dem großen Aufbruch im Jahre 1989 sein müssen, um die sich der Stadt eröffnenden gewaltigen Möglichkeiten neuer Belebung und die damit verbundenen Investitionen städtebaulich und kulturell so zu steuern, damit die Identität der Stadt, ihre ausgewogene Verbindung zur Landschaft, die Wirkung der einzigartigen Silhouette und jedes einzelnen Monumentes, der individuelle Charakter der verschiedenen Stadtteile gewahrt und nicht beeinträchtigt werden.

Dieter Zumpe

Die Lieblingsplätze der Fürsten

Schlösser um Dresden

«Möchte doch jeder Bewohner Deutschlands, der es irgend möglich machen kann, mindestens einmal nach Dresden reisen!» schrieb der aus Mecklenburg stammende Christian Kosegarten in «Meine Freunde in Sachsen» (Leipzig, 1801), und er fügte auch den Grund dafür hinzu: «Diese Gefühle, den Sinn, den die Natur und das Ganze umher ihm mitteilt, kann er nicht wieder zerstören, wenn er es auch wollte.» Dresden – das ist nicht nur äußerlicher Eindruck von einer historisch gewachsenen Silhouette, wie sie sich von der Neustädter Ansicht darbietet, sondern dazu gehört die Moritzburger Teichlandschaft genauso wie Pillnitz mit seinem Schloßpark an der Elbe oder der unvollendet gebliebene Barockgarten in Großsedlitz.

In welche Himmelsrichtung man sich auch von dieser Stadt am Strom begeben mag, immer wird man auf landschaftlich bevorzugte Plätze treffen, die wegen ihrer reizvollen Lage die wettinischen Bauherren und ihre namhaften Architekten verführten, dort Bauwerke von besonderer Schönheit zu schaffen.

In den Weinbergen der Lößnitz in Radebeul versteckt befindet sich das ehemals kurfürstliche Schlößchen Hoflößnitz. Wegen des Fachwerks im Obergeschoß und des hohen Walmdachs eher an ein bodenständiges Bauernhaus erinnernd – nur der Treppenturm zur Bergseite hin läßt auf ein «vornehmes Gebäude» schließen –, wurde dieses Kleinod sächsischer Baukunst nach dem Ende des Dreißigjährigen Krieges errichtet. Kurfürst Johann Georg I. (1611–1656), ein um Ausgleich und Frieden redlich bemühter Landesvater, ließ es erbauen, um während der Weinlese standesgemäß wohnen zu können, nutzte es aber auch vorübergehend bei Jagden für sich und den Dresdner Hof.

Das «Hoflößnitz-Manual», die alte Hauschronik, weiß nicht nur von ausgelassenen Winzerfesten in dem «Lusthause» zu seinen Lebzeiten zu berichten, sondern vermeldet auch die Aufenthalte Augusts des Starken 1715, 1719 und 1727 an diesem heiteren Ort.

Baumeister des im Vergleich zu anderen sächsischen Adelspalästen schlicht wirkenden Gebäudes ist der aus einer Freiberger Steinmetzfamilie stammende Ezechiel Eckhardt. Bedingt durch die Folgen des verheerenden Kriegsbrandes griff er noch einmal auf die traditionelle Baukunst der Renaissance zurück, als sich im übrigen Europa schon der Barock durchsetzte. Die relative Schlichtheit in der Ausführung läßt vermuten, daß die damaligen finanziellen Verhältnisse keine besondere Schmuckarchitektur gestatteten. Also entstand ein Bauwerk mit volkstümlichen Elementen, in dessen rechteckigem Hof sich noch ein Kavaliershaus und ein Wirtschaftsgebäude befinden. So unscheinbar das Schlößchen von außen wirkt – im Innern stoßen wir auf raumkünstlerische Kostbarkeiten, wie sie aus dieser Zeit in der Umgebung Dresdens sonst nirgends erhalten geblieben sind. Gelangt man durch die Bacchusstube und Tafelstube ins Obergeschoß, betritt man zunächst einen Saal, der nicht durch seine Größe beeindruckt, wohl aber durch seine Ausstattung. Verschiedene sächsische Hofmaler legten hier Hand an, zwei Künstler aber sollen genannt werden: der Holländer Albert van Eyckhout und der Maler und Architekt Christian Schiebling. Letzterer war maßgeblich bei der Ausgestaltung des Riesensaales im Dresdner Residenzschloß beteiligt. Die Balkendecke ist mit achtzig Leinwandbildern verkleidet, auf denen tropische Vögel dargestellt sind. Van Eyckhout hatte sie nach Skizzen von einer Expedition nach Brasilien farbig umgesetzt. Auch die Wände ringsum sind

Ein exotisches Lustschloß schwebte August dem Starken vor, als er Pöppelmann anwies, die Herrschaft Pillnitz umzubauen. Von dieser Idee zeugen vor allem die chinoisierenden Dächer, während das Gebäude einem strengen europäischen Aufbau folgt. Wie harmonisch es sich in die sanfte Elblandschaft einfügt, zeigt die um 1800 entstandene Radierung «Ansicht von Pillnitz» von Andreas Balzer (Radierung, koloriert; 28,3 x 38,3 cm; SL).

vertäfelt und reich mit Gemälden geschmückt. Sinnsprüche zu einzelnen Bildern lassen moralisierende Absichten erkennen, etwa «Die Obrigkeit ist so nöthig als Wein und Brot.» An anderer Stelle ist in einer Landschaftsdarstellung ein Mann zu sehen, der den Schweif eines Pferdes hochhebt; darüber findet sich der Spruch: «Gehe ja vorsichtig und behutsam mit denen umb, so grosse Macht und gewaldt haben.» Auch die angrenzenden kleinen, wie Bürgerstuben anmutenden Gemächer des Kurfürsten und seiner Gemahlin sind mit Allegorien ausgeschmückt. Die sieben freien Künste in Gestalt von Putten, die ihre Attribute – eine kleine Musica trägt ihre Posaune vor sich her – bei sich haben, verbinden naive Heiterkeit mit der Lust an exotischer Ferne. Auch die Tugenden, die dem Fürsten eigen sein sollen, sind dargestellt.

Als Ende des 19. Jahrhunderts eine Reblausplage den Weinanbau in der Lößnitz zum Erliegen brachte, verkauften die Wettiner ihr Winzerschloß an einen Privatmann, der nichts Eiligeres zu tun hatte, als das alte Fachwerk zuzuputzen und ein Rokokotürmchen aufzusetzen. Diese Stilveränderungen wurden während einer Restaurierung unmittelbar vor dem Ersten Weltkrieg wieder beseitigt. Seitdem ist das Schloß im Besitz der Radebeuler Kommune und wurde als Museum eingerichtet. Viele Jahre fanden in dem einzigartigen Festsaal auch noch Kammerkonzerte statt, bis bauliche Schäden eine umfassende Renovierung erforderlich machten. Ein kleines Heimatmuseum, das über die Geschichte des hier seit dem 12. Jahrhundert betriebenen Weinbaus unterrichtet, und ein Raum für Sonderausstellungen fanden Platz. In den Nebengebäuden soll schon bald wieder einheimischer Wein ausgeschenkt werden, denn in den vergangenen Jahren sind die terrassenartig angelegten Weinhänge so aufgerebt worden, daß Weißburgunder, Müller-Thurgau, Traminer und andere Sorten gekeltert werden können, wie einst «Kötzschberger» und «Zutzschwitzer». Wen wundert es da, wenn Gerhart Hauptmann sich am Hohenhaus am Bischofsberg niederließ, wie vor ihm bereits die Poeten Jean Paul, Ludwig Tieck, Otto Julius Bierbaum und auch Karl May: «... um in der Lößnitz lachenden Gefilden Erquickung zu finden», formulierte blumig ein Chronist.

In diese alte verträumte Kulturlandschaft sind noch andere architektonische Kostbarkeiten eingebettet. An den Meißner Bischof erinnert das Bennohaus, ein alter Herrensitz mit Volutengiebeln und kleinen Fenstern. In Richtung Coswig liegt das Barockschloß Wackerbarths Ruhe mit dem sich oberhalb der Anlage erhebenden Lusthaus Belvedere. Der Generalfeldmarschall Augusts des Starken und Oberinspektor des Bauwesens August Christoph Wackerbarth ließ es sich nicht nehmen, den Oberlandbaumeister Johann Christoph Knöffel für seinen eigenen Alterssitz zu bemühen. Heute ist das Anwesen wieder öffentlich zugänglich, leider wurde im Laufe der Zeit der ursprüngliche Baucharakter verändert, aber die Gesamtanlage beeindruckt noch immer.

Wer Dresden über den Stadtteil Wilder Mann verläßt, bewegt sich, bald nachdem er die Anhöhe überwunden hat, auf einer schnurgeraden Allee fort. Nach etwa zwölf Kilometern Fahrt taucht aus dem Grün ein Schloß mit einladender Fassade auf. Die alten Baumeister wußten solche Alleen und Prunkbauten wirkungsvoll in die Landschaft zu integrieren. Das Jagdschloß Moritzburg gehört untrennbar zu dieser stillen weiten Landschaft, in der sich Wolken und Wälder in den Teichen spiegeln.

Zu des Herzogs Moritz Zeiten wurde auf der Friedewalder Flur um 1542 mit dem Bau einer «Burch» begonnen, die seinen Namen erhielt. Ein Modell aus dem Jahre 1600 vermittelt ein Bild von der ursprünglichen Anlage, die die Baumeister Hans Dehn-Rothfelser und Caspar Voigt von Wierandt im Renaissancestil mit den vier charakteristischen Ecktürmen inmitten des wettinischen Jagdreviers errichtet hatten. Auf Geheiß des Kurfürst-Königs von Sachsen und Polen wurde das alte Jagdschloß nach den Plänen des Zwingerbaumeisters Matthäus Daniel Pöppelmann in Zusammenarbeit mit den Architekten Raymond Leplat und Zacharias Longuelune zu einem barocken Repräsentationsbau umgestaltet. Der phantasiebegabte König war von seiner Idee so begeistert, daß er eigenhändige Skizzen für den Umbau entwarf. Über zehn Jahre, von 1723 bis zum Tod August des Starken, 1733, zogen sich die aufwendigen Arbeiten hin.

Einladend präsentieren sich die beiden Piqueure mit den Parforcehörnern und Jagdhunden auf Sandsteinsockeln an der ansteigenden Hauptauffahrt. Die Hauptachse verläuft mit der Auffahrt von Süd nach Nord. An der Schauseite des vierflügeligen monumentalen Schlosses befinden sich über dem Eingang das kurfürstlich-sächsische sowie das königlich-polnische Wappen. Im Inneren war der Bau in über zwanzig Wohnquartiere mit insgesamt 200 Räumen für die königliche Familie, Gäste und Dienerschaft aufgeteilt. Außer den namhaften Architekten wurden die berühmtesten Bildhauer, Balthasar Permoser, Benjamin Thomae und Johann Christian Kirchner sowie die Maler Louis de Silvestre, Lorenzo Rossi und Johann Baptist Grone für die reiche Ausstattung herangezogen. Man wollte die hier ein und aus gehenden Gäste aus aller Herren Länder beeindrucken!

Ein tragendes Ausdrucksmittel des Spätbarocks war die Dekoration, und Leplat war darin unumschränkter Meister, der wußte, wie er durch Variationen aus Tapeten, Malereien und Stukkaturen sowie dem abwechslungsreichen Arrangement von Möbeln, Porzellan und Glas seinem Herrn gefallen konnte. Schon des Interieurs wegen, dieser kunstvoll eingelegten Barock-Schreibschränke, angefertigt von sächsischen Meistern des Kunsthandwerks, oder der exotischen Lackschränke japanischer Herkunft wegen darf man sich dieses Schloß nicht entgehen lassen.

Und noch eine Besonderheit bietet Moritzburg: die wohl einmalige Trophäensammlung, die von der Jagdleidenschaft der fürstlichen Nimrode kündet. Im sogenannten Monströsensaal – nach den Abnormitäten der Geweihe benannt – befindet sich der Moritzburger 66-Ender, der als Geschenk aus Brandenburg hierhergelangte. Eine besonders geformte Geweihstange mit kelchartiger Krone wurde als «Willkomm» gereicht, und hohe Gäste wie Peter der Große, aber auch Napoleon mußten daraus den Begrüßungstrunk schlürfen ... – Ganz auf den Charakter des Schlosses abgestimmt sind Porträts und Jagddarstellungen aus der antiken Mythologie. Auch zeitgenössische Szenen wie die Parforcejagd und das Abfischen eines Teiches sind auf Ledertapeten aufgemalt.

Das Gemeinschaftswerk der hervorragendsten Barockarchitekten Dresdens ist die Schloßanlage Großsedlitz, die August der Starke 1727 bei Pöppelmann, Knöffel und Longuelune in Auftrag gab. Noch heute überzeugt der klare Aufbau der Fassade.

Bis 1945 war Moritzburg im Besitz der Wettiner. Prinz Ernst Heinrich gestaltete während umfangreicher Sanierungsarbeiten in den zwanziger Jahren eines der Wohnquartiere im sogenannten Jägerturm zu einem Porzellankabinett um, das gegenwärtig nur wenige Stücke, darunter Böttger-Steinzeug und Kändler-Porzellan aus Meißen, aufweist. In Moritzburg fand mit Unterstützung des kunstsinnigen Prinzen 1944 die greise Graphikerin Käthe Kollwitz Aufnahme. Sie beschloß ihre Tage ein Jahr darauf im benachbarten Rüdenhof. Eine kleine Ausstellung im Erdgeschoß erinnert an den Aufenthalt der bedeutenden deutschen Künstlerin.

Bestimmend für die heutige imposante Gestalt der Anlage ist die Großterrasse, auf der sich der massige Bau erhebt und von der aus er die Landschaft beherrscht. Die Natur wird als glänzend passende Kulisse miteinbezogen: Der barocke Gestaltungswille konnte nicht vollendeter zum Tragen kommen. Mit einem vielgestaltigen Netz von Kanälen und Schneisen wurden Blickfänge geschaffen. Fast wie eine Miniatur wirkt dagegen das nur eine halbe Wegstunde vom Jagdschloß entfernte Fasanenschlößchen. Wolf Caspar von Klengel fügte in einer Bauzeit von 1661 bis 1672 die Schloßkapelle hinzu, die sich in klarem Weiß und Gold vornehm zurückhält. Erst seit kurzem ist sie vollständig restauriert wieder als katholisches Gotteshaus zu betreten. Wie das aus der Zeit um 1770 stammende Fasanenschlößchen, überstand sie ohne wesentliche Schäden die Jahrhunderte.

Nachdem Sachsen durch den Siebenjährigen Krieg wirtschaftlich ausgeblutet war, entsprach das Fasanenschlößchen mit einem Grundriß von 13,4 Metern im Quadrat den bescheideneren Verhältnissen des Nachfolgers der beiden Auguste, in denen sich die politische Bedeutung des ehemals starken Sachsens widergespiegelt hatte. Der Architekt Johann Daniel Schade wählte für den ländlichen Bau eine Formensprache, die zwischen ausgehendem Barock und beginnendem Klassizismus steht. Die verhältnismäßig kleinen Wohnräume kommen eher schon bürgerlichen Boudoirs als Schloßräumen nahe. Chinesische Figuren auf Strohtapeten im Erdgeschoß, leinwandverkleidete Wände im ersten

Obwohl unvollendet, kann die Gartenanlage von Großsedlitz als der gelungenste französische Garten von Sachsen bezeichnet werden. Geschmückt ist die Anlage von zahlreichen Statuen aus Sandstein, die Allegorien oder Figuren aus der antiken Mythologie darstellen.

Stock, auf denen ländliche Szenen dargestellt sind, und kurios gestaltete Öfen in Form von Kommoden oder kannelierten Säulen bilden den idyllischen Rahmen, in dem sich der regierungsmüde Kurfürst bewegte. Seit den fünfziger Jahren unseres Jahrhunderts befindet sich in den Räumen, sozusagen als moderne Variante der Fasanerie, eine vogelkundliche Sammlung.

Umgeben ist das Fasanenschlößchen von Gebäuden für die Hofleute. An seiner Südseite befand sich bis 1882 ein Vogelhaus, in dem, einer Leidenschaft des Kurfürsten folgend, seltene Vogelarten gehalten wurden. Dieses auf älteren Stichen noch erkennbare Garnhaus wurde 1882 abgetragen. Heute führt an dieser Stelle eine Freitreppe zu einer kleinen Parkanlage mit Brunnen. Im Westteil der Gartenanlage befindet sich ebenfalls ein Brunnen, der Leda mit dem Schwan zeigt. Er bildet das Ende des vom Großteich heranführenden Kanals. Ein Kuriosum findet sich am Ufer des Bärnsdorfer Teiches: Hier wurde eine künstliche Hafenanlage mit Mole und Leuchtturm angelegt, die bei den phantasievoll inszenierten Wasserfesten des Kurfürsten ein Rolle spielten. So ließ sich in der ländlichen Abgeschiedenheit noch die Zeit vertreiben, während es in Europa schon von Frankreich her wetterleuchtete. Mit dieser Reminiszenz wollen wir Moritzburg verlassen und uns wieder in die Nähe der Elbe begeben.

Wer von Dresden stromaufwärts mit den Dampfern der «Weißen Flotte» fährt, erlebt eine einzigartige Flußlandschaft, die von bergigen Elbhängen und saftigen Wiesen geprägt ist. Unvermittelt bietet sich hier dem Auge des Betrachters die breit ausladende Front eines Schlosses, dessen große Freitreppe direkt aus dem Wasser herausführt. Auch hier hat ein «großer Plan» des Königs Gestalt angenommen, der als absoluter Herrscher Unübertreffliches für sich verlangte. 1720 erteilte August der Starke seinem Generalintendanten von Warschau aus den Befehl, unverzüglich mit den Bauarbeiten zu beginnen. Als Pöppelmann mit der Ausführung begann, fand er ein altes Renaissanceschloß vor, sowie ein Kammergut und eine Kirche aus dem 16. Jahrhundert. Diese Bauwerke mußten

Eine gelungene Kombination barocker und klassizistischer Stilelemente – die Fassade des neuen Schlosses Pillnitz, wie sie Christian Friedrich Schuricht nach der Zerstörung des alten Schlosses durch einen Brand einfühlsam gestaltet hat.

1717 erwarb August der Starke das Holländische Palais. Zehn Jahre später ließ er es zum Japanischen Palais von Grund auf umbauen. Neben der Bibliothek bilden die Antikensäle das Herzstück der Anlage.

Wie ein Kleinod aus dem Zeitalter der Empfindsamkeit nimmt sich das Fasanerieschlößchen in der Anlage des pompösen Moritzburger Schlosses aus. Friedrich August III. hatte es in der Mitte des 18. Jahrhunderts in Auftrag gegeben. Besonders eindrucksvoll ist die doppelläufige Freitreppe, über die man das heutige Tierkundemuseum betritt.

den anspruchsvollen Plänen weichen, denn Pillnitz sollte eine weitere Perle in der Kette der Festplätze sein, die die Residenz umgaben. Bereits nach einem Jahr war das Wasserpalais vollendet und 1722/23 das Bergpalais gebaut. Zwischen den beiden Schlössern wurde ein Lustgarten angelegt. An Stelle der alten Kirche entstand ein drittes Gebäude, der Venustempel mit prächtig ausgestattetem Fest- und Speisesaal. Inmitten des Weinberges mußte Pöppelmann für die protestantische Gemeinde als Ersatz eine neue Kirche errichten, die sich in ihrer schlichten Ausführung gut der Landschaft anpaßt.

Nach dem verheißungsvollen Baubeginn der Schlösser war plötzlich ein nachlassendes Interesse des Bauherrn am Fortgang der Arbeiten zu verspüren: Andere Projekte, wie das Japanische Palais und Großsedlitz, schienen ihm wichtiger. Auch Longuelune, der später hinzugezogen wurde, konnte daran nichts ändern. Über Jahrzehnte hinweg blieb die Anlage unverändert, bis zwischen 1788 und 1791 nach Entwürfen des Architekten Christian Traugott Weinling seitlich der beiden schon stehenden Palais vier Flügelgebäude als Ersatz für die hölzernen Gewächshäuser entstanden. Die geschwungenen Dachformen und die umlaufende Hohlkehle passen sich den barocken Elementen harmonisch an. Während die älteren Palais schiefergedeckt sind, weisen die Anbauten Kupferdächer mit einer reizvollen Patina auf. Weinling, der ein Vertreter des deutschen «Zopfstils» war, besorgte auch die reichen Stuckdekorationen.

Als 1818 das Alte Schloß aus der Renaissancezeit und der Venustempel durch einen Brand vernichtet wurden, tat man alles «zur schnellen Wiederherstellung dieses Sitzes ländlicher Freuden». Es gelang dem damaligen Oberlandbaumeister Christian Friedrich Schuricht, die Fassade des zum Lustgarten zeigenden neuen Schlosses einfühlsam in das Ensemble einzubinden, ohne deren klassizistischen Charakter zu verleugnen. Schuricht knüpfte an die Dreierkomposition mit Betonung des Mittelpavillons bei Pöppelmann an, nahm auch die geschwungenen Dachformen auf, doch die Fassade wird von korinthischen Säulen beherrscht. Auf der rückseitigen Front ist alles klassizistisch durchgestaltet, einschließlich der Küchen- und Kapellenflügel.

Das neue Schloß birgt einen der schönsten Festsäle Dresdens: Über einem quadratischen Raum, der wie die Fassade durch Säulenarchitektur bestimmt wird, wölbt sich eine kuppelförmige Kassettendecke. Carl Christian Vogel von Vogelstein, Hofmaler und Vertreter des akademischen Klassizismus an der Kunstakademie, malte die Flachbogenfelder und Gewölbezwickel mit allegorischen Darstellungen aus.

Eine Besonderheit weist auf die ursprüngliche Bezeichnung «indianisches Lustschloß» hin: In den Hohlkehlen der beiden Palais, die Pöppelmanns Handschrift tragen, sind umlaufende Friese mit «chinesischen» Figurengruppen erkennbar; eine Modeerscheinung Anfang des 18. Jahrhunderts, als man Bauten – daher auch die geschwungenen Dachformen – orientalisch «verfremdete». Indianisch bezog sich damals nicht nur auf Indien, sondern auch auf Ostasien. Die «Chinoiserien» sind beredter Ausdruck für den damaligen Zeitgeschmack.

Wer nach Pillnitz kommt, ob zu Wasser oder mit dem Auto, muß kein Botaniker sein, um zu begreifen, welch kostbarer Baumbestand in den Parks, die das Gesamtkunstwerk erst vollenden, versammelt ist. Neben dem geometrisch angelegten Barockpark mit Rabatten und Fontänen ist auch ein nach 1778 entstandener Englischer Garten vorhanden, in dem Pavillons und Tempel Stille und Zurückgezogenheit verheißen.

In die Geschichte eingegangen ist die «Pillnitzer Konvention»; sie wurde getroffen, als sich die Monarchen des alten Europa 1791 an diesem noblen Ort einfanden, um eine Koalition gegen das revolutionäre Frankreich zu bilden.

Heute ist im Pillnitzer Schloß, das den Wettinern bis 1918 gehörte, das Museum für Kunsthandwerk mit ausgewählten Zeugnissen sächsischer Möbel- und Glaskunst untergebracht. Und wer an lauen Sommernachmittagen vor dem Wasserpalais einer Serenade gelauscht hat, kann sich keinen besseren Konzertsaal mehr vorstellen als den unter Pillnitz' freiem Himmel – dem Zauber von vollendeter Architektur als stille Kulisse und dem Raunen der alten Bäume entkommt man nicht und kehrt zurück ...

Daten und Ereignisse in der Geschichte Dresdens

zusammengestellt von Dieter Zumpe

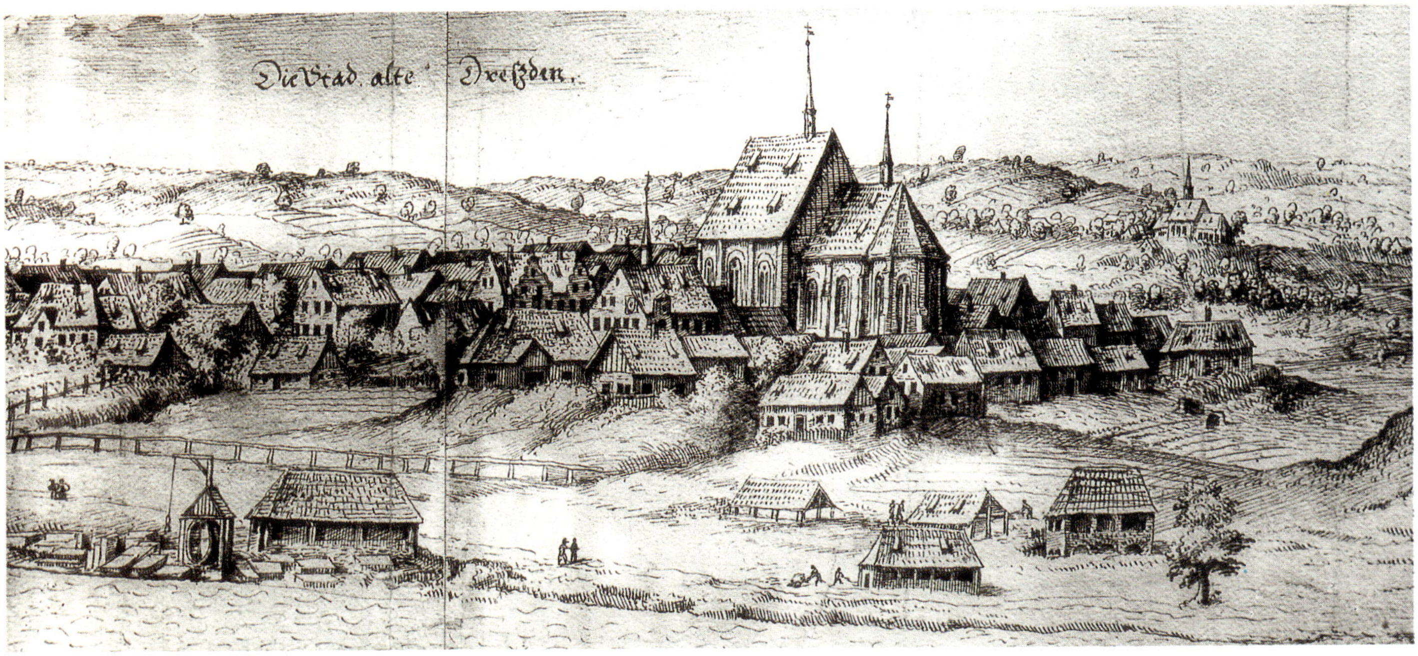

Ein beschauliches Städtchen war Dresden im Jahre 1550. Auf dieser zeitgenössischen Federzeichnung sieht man den Stadtteil «Altendresden».

1206 Erstmalige urkundliche Erwähnung von Dresden in einer Urkunde des Markgrafen Dietrich.
Bereits Ende des 12. Jahrhunderts sicherte eine markgräfliche Burg am Taschenberg den wichtigen Elbübergang, an dem sich ursprünglich eine slawische Siedlung befand, deren Bewohner «Drezdzany» (Auenwaldbewohner) der deutschen Niederlassung ihren Namen gaben.
1216 In einer Urkunde Markgraf Dietrichs vom 21. Januar wird Dresden nunmehr als civitas (Stadt) bezeichnet.
Unter Heinrich dem Erlauchten (1230–1288) ist Dresden vorübergehend glanzvolle Residenz mit höfisch-ritterlicher Kultur.
1234 Die Gemahlin Heinrichs vermacht der Dresdner Nicolaikirche «ein merklich schön Partikel vom Heiligen Kreuz Christi»; dieser Reliquie verdankt sie ihre Umbenennung in Kreuzkirche.
1300 Urkundliche Erwähnung der Kreuzschule, einer Lateinschule, in der Ministranten und Chorknaben unterrichtet wurden; hussitische Prediger wie Friedrich, Nikolaus und Peter von Dresden an der Kreuzschule (1412 aus der Stadt gewiesen).
1455 Erlangung des Niederlags- und Stapelrechts; die Einwohner setzen sich aus Kaufleuten (Tuchhändlern) und «Ackerbürgern» zusammen (Einwohnerzahl um diese Zeit: rund 6000).
1464 Ernst und Albrecht, die gemeinsam regierenden Landesfürsten, nehmen in der Stadt ihren ständigen Wohnsitz.
1485 Verhängnisvolle Teilung des wettinischen Besitzes in Leipzig (1423 verlieh Kaiser Sigismund die Kurwürde an Friedrich den Streitbaren, seitdem gehörten die Wettiner zum höchsten Adel des Heiligen Römischen Reiches Deutscher Nation und hatten während der Thronvakanz die Ämter des Reichsvikars und des Erzmarschalls inne). Die albertinische Linie des Hauses Wettin wählt Dresden für die Zukunft als ständige Residenz.
1491 Verheerender Stadtbrand.
1539 Einführung der Reformation mit einem Gottesdienst in der Kreuzkirche (Sachsen wird damit als erster deutscher Staat lutherisch).
1547 Moritz Kurfürst von Sachsen.
1547–1556 Ausbau der Schloßanlage (erste Erwähnung als Castrum 1289; Ende des 15. Jahrhunderts bereits geschlossene Vierflügelanlage) im Renaissancestil: Neubau der Schloßkapelle, neuer Westflügel mit der Geheimen Verwahrung (für Schätze und wichtige Akten); ab 1572 taucht dann der Name Grünes Gewölbe – nach der Farbgebung der Räume – für die weltberühmte Schatz- und Kunstkammer der Wettiner auf, Einbau von drei Wendeltreppen in den Schloßhof sowie Umbau des Ostflügels mit dem Riesensaal.
1549/1560 Angliederung des Städtchens Altendresden, das zur Keimzelle der heutigen Neustadt wird.
1553–1586 Unter Kurfürst August, genannt «Vater August», entwickelt sich Sachsen zum Musterland mit entsprechender Kulturblüte: Während seiner Regierung werden in Dresden der Jägerhof (heute Museum für Volkskunst), das Zeughaus (Albertinum) und das Moritzdenkmal (zeigt die Übergabe des Kurschwertes des sterbenden Kurfürsten Moritz an seinen Bruder August; jetziger Standort an der Brühlschen Terrasse) gebaut. Die Stadt erhält nach niederländisch-italienischem Vorbild eine moderne Befestigungsanlage (Reste davon finden sich in den Kasematten unter der Brühlschen Terrasse).
1586–1591 Bau des Stallhofes im Schloß.
Bedingt durch das Aufblühen von Gewerbezweigen, die für den Hof arbeiten, läuft Dresden Freiberg, Meißen und den anderen markmeißnischen Städten den Rang ab. Ein Zeitgenosse spricht angesichts des um 1535 vollendeten Georgenbaus (Schloß) und der

Ein großes Ereignis für die Stadt und ihre Bewohner war die «Ankunft Kaiser Matthias auf der Elbe in Dresden 1617», die das Gemälde eines unbekannten Meisters festhielt (Öl/Leinwand; ca. 4 x 4 m; Ausschnitt: Schiffe; AM).

Von links nach rechts: Das Privilegienbuch der Stadt Dresden von 1673, gestaltet von Christian Schiebling. – Von Michael Praetorius stammt diese Instrumentenkunde, das «Syntagma musicum». Der Hofkapellmeister und Gründer der «Dresdner Musikalischen Kapelle» unter Moritz von Sachsen war der maßgebliche evangelische Kirchenkomponist und Musikschriftsteller im beginnenden 17. Jahrhundert.

aus Stein errichteten Bürgerhäuser von der «feinen Stadt Dresden».

1613–1616 Michael Praetorius ist Kapellmeister am Hofe und leitet die bereits 1548 auf Betreiben von Moritz von Sachsen 1548 gegründete «Dresdner Musikalische Kapelle».

1618–1648 Während des Dreißigjährigen Krieges gehört Sachsen zu den am meisten verwüsteten Ländern in Deutschland.

1627–1672 Heinrich Schütz als Hofkapellmeister im Dienste Johann Georg I. Er ist der Komponist der ersten deutschsprachigen Oper «Dafne» (Text von Martin Opitz), die in Torgau uraufgeführt wurde. Neben Schütz machen sich Giovanni Andrea Bontempi und andere um die Musik in Dresden verdient. Die Pflege der italienischen Musik zeichnet Dresden aus.

1667 Erstes Opernhaus auf dem Taschenberg mit 1500 bis 2000 Plätzen – Architekt ist Wolf Kaspar von Klengel, der gemeinsam

mit Johann Georg Starcke für die ersten Barockbauten in Dresden verantwortlich zeichnete und einen Bebauungsplan entwarf, der bereits die charakteristischen Straßenachsen enthielt.
1676 Anlage des Großen Gartens, gegliedert durch axiale und diagonale Alleen, in deren Schnittpunkt Starcke das Palais errichtete.
1694–1733 Unter August dem Starken (Friedrich August I.) als Kurfürst von Sachsen und König von Polen wird Dresden zur Residenzstadt von europäischem Rang ausgebaut.
Seit 1727 Verbreiterung und Neugestaltung der berühmten Dresdner Elbbrücke (Augustusbrücke), ebenfalls nach Plänen Pöppelmanns 1731 fertiggestellt.
1728 Besuch Friedrich Wilhelms I. von Preußen in Dresden. Johann Christoph Knöffel baut für den Grafen Wackerbarth ein Palais, das spätere Kurländer Palais.
1730 Die sächsische Armee wird aufgrund einer Heeresreform auf 30 000 Mann erweitert. Sie präsentiert sich in glänzender Verfassung im Zeithainer Lager.

Glanzvolle Repräsentation absolutistischer Herrschaft: August der Starke ließ den Zwinger bauen. Die sechs durch Galerien verbundenen Pavillons der Anlage boten eine ideale Kulisse für prunkvolle Feste, aber auch, wie auf Canalettos Gemälde «Der Zwingerhof in Dresden» von 1749/53 dargestellt, für elegantes Flanieren (Öl/Leinwand; 134 x 237 cm; AM).

1701 Beim Brand des Dresdner Schlosses werden unter anderem der Georgenbau und der Ostflügel mit dem Riesensaal vernichtet. Ehrenfried Walther von Tschirnhaus fertigt in Dresden optische Linsen und Brennspiegel an.
1705 Matthäus Daniel Pöppelmann wird Landbaumeister; erst 1718 wird ihm der Titel «Oberlandbaumeister» zuerkannt.
Freiberger Hüttenleute beteiligen sich an Böttgers Versuchen zur Porzellanherstellung.
1706–1708 Bau des Taschenbergpalais als Wohnpalais für die Gräfin Cosel.
1708 Johann Friedrich Böttger meldet dem König den erfolgreichen Abschluß seiner Experimente – das europäische Hartporzellan ist erfunden.
1709 Beginn der Umgestaltung des Zwingergartens durch Pöppelmann zur Orangerie; weitere Bauperiode von 1714 bis 1718, in der das Kronentor errichtet wird.
1710 Gründung der ersten Porzellanmanufaktur auf der Meißner Albrechtsburg; 1713 wird auf der Leipziger Messe erstmals weißes Porzellan angeboten.
1717/18 Erste Pläne für den Neubau der Frauenkirche; mit der Ausführung wird der Ratszimmermeister George Bähr beauftragt.
1719 Anläßlich der Vermählung des Kurprinzen mit der habsburgischen Kaisertochter Maria Josepha werden zahlreiche Repräsentativbauten, wie das Holländische Palais (später Japanisches Palais) und Teile des Schlosses festlich eingeweiht.
1723 Schloß Moritzburg erhält in den folgenden Jahren durch Pöppelmanns Einfluß seine barocke Gestalt; außerdem nach 1721 Bau des Wasser- und Bergpalais in Pillnitz nach seinen Plänen.
1723–1729 Einrichtung des Grünen Gewölbes durch Pöppelmann, Raymond Leplat und Zacharias Longuelune.

Anna Constanze, Gräfin von Cosel (1680–1765), neun Jahre lang Mätresse Augusts des Starken, wurde 1712 wegen ihrer Intrigen gestürzt (links). – August der Starke, König von Sachsen und Polen (1670–1733) erhob Dresden durch seine rege Bautätigkeit zum Juwel des Barock (rechts).

1733 Tod August des Starken in Warschau; sein Sohn wird 1734 König August III.
1737 Gaetano Chiaveri, ein italienischer Architekt, beginnt mit dem Bau der katholischen Hofkirche im Elbbogen. (1717 war das wettinische Herrscherhaus zum Katholizismus übergetreten, während das Volk protestantisch blieb.)
1740 Johann Adolf Hasse wird Hofkapellmeister; damit beginnt die Blütezeit der italienischen Oper in Dresden.
1745/46 Knöffel baut auf Geheiß des Königs das ehemalige Stallgebäude am Jüdenhof zur Gemäldegalerie um, die durch umfangreiche Ankäufe (Erwerb der «Sixtinischen Madonna» von Raffael) wesentlich erweitert wird.

1746 Graf Brühl wird einflußreicher Premierminister.
1756–1763 Besetzung Sachsens während des Siebenjährigen Krieges durch Preußen; wirtschaftlicher Niedergang.
1760 Beschießung Dresdens durch die Artillerie Friedrich des Großen; ganze Straßenzüge sowie die Kreuzkirche fallen in Trümmer – Canaletto, der berühmte Maler des Augusteischen Zeitalters, hat die Zerstörung der Kreuzkirche auf einer Vedute festgehalten. Die Knöffelschen Bauten, darunter das Brühlsche Palais, überdauerten ebenfalls nicht.

Die erste große Zerstörung, bei der ganze Stadtviertel in Schutt und Asche fielen, erlitt Dresden 1760, als Friedrich der Große die Stadt belagerte (zeitgenössischer Holzschnitt).

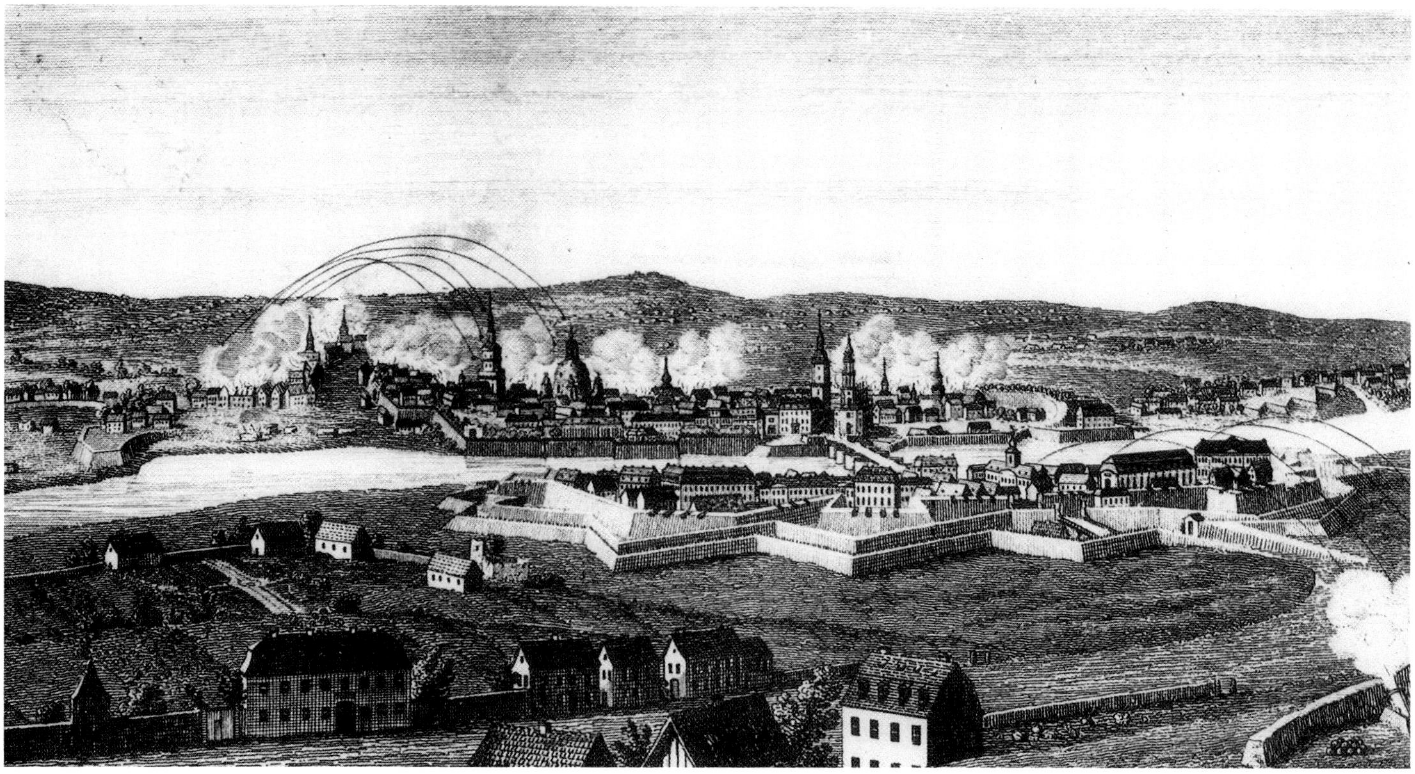

1763 Tod des Königs und Brühls; Ende der sächsisch-polnischen Union.
1768 Beginn der Regentschaft von Kurfürst Friedrich August III., die bis zu seinem Tod 1827 59 Jahre lang währen soll.
1768–1814 Graf Camillo Marcolini, Direktor der Meißner Porzellanmanufaktur, der Kunstakademie und der Königlichen Sammlungen, beeinflußt als Kabinettsminister die Kunstentwicklung.
1806 Sachsen wird Verbündeter Preußens im Krieg gegen Frankreich: Besetzung Sachsens durch Napoleon; Beitritt zum Rheinbund.
1812 Napoleon hält sich mit seinen Verbündeten in Dresden auf: von hier aus Feldzug mit der «Großen Armee» gegen Rußland (das sächsische Kontingent umfaßt 21 000 Mann, 7000 Pferde und 48 Geschütze); Rückzug unter schrecklichen Verlusten: Am 14. Dezember passiert der französische Kaiser auf seiner Flucht Dresden.
1813 Sachsen wird während der Befreiungskriege Hauptkriegsschauplatz; 26./27. August: Schlacht bei Dresden, in der sich Napoleon gegen die Hauptarmee der Verbündeten verteidigt.
16.–19. Oktober 1813 Völkerschlacht bei Leipzig, die Sachsen gehen während der Kämpfe zu den Verbündeten über; Gefangennahme des Königs.
In Dresden wird der russische Gouverneur Fürst Repnin-Wolkonski eingesetzt.
1813/1814 E. T. A. Hoffmann, ein vielseitiges Talent, wirkt als Kapellmeister in Leipzig und Dresden und schreibt seine romantische Zauberoper «Undine».
1815 Der während des Wiener Kongresses ausgehandelte Friedensvertrag legt fest, daß nur 42,5 Prozent des früheren Territoriums und nur 57,8 Prozent der Einwohner weiterhin zu Sachsen gehören sollen, der Rest wird Preußen zugesprochen. Preußen gewinnt damit endgültig die Vorherrschaft in Nordostdeutschland.
Beitritt Sachsens zur «Heiligen Allianz» und Beginn der Restaurationszeit.
1817 Carl Maria von Weber übernimmt die Stelle eines Kapellmeisters. An der neu gegründeten Deutschen Oper in Hosterwitz entstehen seine Opern «Der Freischütz», «Euryanthe» und «Oberon».
1828 Gründung des Sächsischen Kunstvereins; Eröffnung der Königlich Technischen Bildungsanstalt.
Die Gasbeleuchtung wird eingeführt.
1829 Im renovierten Palais im Großen Garten bekommen die Sammlungen des «Königlich Sächsischen Altertumsvereins» ihr Domizil.
1830 Beeinflußt durch die französische Julirevolution Unruhen in Dresden; Bildung der Kommunalgarde; Entlassung des reaktionären Ministers von Einsiedel; Gründung des «Dresdner Bürgervereins».
1831 Neue Unruhen; Verbot des «Bürgervereins»; infolge des gescheiterten polnischen Aufstandes suchen polnische Emigranten Asyl in Sachsens Hauptstadt.
Neue Verfassung (beschränktes Wahlrecht, teilweise Aufhebung der Standesvorrechte, Schlösser und Kunstsammlungen gehen in den Besitz des Staates über).
1832 Erlaß der «Allgemeinen Städteordnung».
Landhaus wird neue Ständekammer.
1836 Gründung der «Sächsisch-böhmischen Dampfschiffahrtsgesellschaft».
Andreas Schubert baut die Lokomotive «Saxonia» und das Dampfschiff «Königin Maria» in Übigau.
1838 Beginn des Opernbaus durch Gottfried Semper; fertiggestellt 1841 (1869 abgebrannt).
1839 Eisenbahnlinie Dresden – Leipzig in Betrieb genommen.
1842 Richard Wagner kommt nach Dresden; Uraufführung des «Rienzi».
1843 Wagner wird «Königlich Sächsischer Hofkapellmeister»; «Der fliegende Holländer» uraufgeführt.
1845 Verbot aller politischen Vereine; Uraufführung des «Tannhäuser».
1846 Wagner begründet zu Palmarum mit der Aufführung von Beethovens «Neunter Sinfonie» eine Tradition.

Weil der König die gemäßigte Reichsverfassung der Nationalversammlung nicht anerkennen wollte, kam es 1849 in Dresden zum Maiaufstand. Die sächsische Regierung ließ das Militär unter Verstärkung preußischer Truppen die Barrikaden der Volksbewegung stürmen, wie das Bild eines unbekannten Malers «Sächsische und Preußische Truppen beim Angriff auf die Barrikaden auf dem Dresdner Neumarkt 1849» zeigt (Öl/Leinwand; 70 x 93 cm; MG).

Links: «Sachsentag» in Dresden am 5. Juli 1914. König Friedrich August läßt sich auf dem Balkon des Residenzschlosses von einem Defilierzug huldigen.
Rechts: Dresden in einer historischen Aufnahme aus den dreißiger Jahren. Im Vordergrund das 1930 eröffnete Hygienemuseum.

1847–1854 Bau der Gemäldegalerie durch Semper; damit wird die offene Zwingerseite geschlossen.
1849 Maikämpfe in Dresden (Beteiligung von Wagner, Semper und anderen).
1854 Gründung des Tonkünstlervereins.
1854–1873 König Johann.
1866 Teilnahme Sachsens am Krieg zwischen Österreich und Preußen; Niederlage Sachsens und Österreichs bei Königgrätz.
1866 Erzwungener Beitritt Sachsens zum Norddeutschen Bund.
1870/71 Beteiligung am Deutsch-Französischen Krieg.
1871 Dresden hat 177 040 Einwohner.
1873–1902 König Albert.

Ein seltener Anblick – Spaziergänger auf der zugefrorenen Elbe 1929: Bei Loschwitz, dahinter das «Blaue Wunder», die großartige Stahlgitterbrücke von 1891/93 …

… und vor Neustadt; im Bildhintergrund der Turm der Dreikönigskirche.

1889 800-Jahr-Feier des Hauses Wettin.
1896 Einführung des Dreiklassenwahlrechts.
1898 Gründung der Technischen Hochschule.
1902–1904 König Georg.
1904–1918 König Friedrich August III.
1914 Ausbruch des Ersten Weltkriegs; Sachsen stellt zum letzten Mal eine eigene Armee.
1918 Revolution in Sachsen: Auf dem Schloß wird die rote Fahne gehißt; Abdankung des Königs und Ausrufung der Republik.
1920 Neue Verfassung und Proklamierung des «Freistaates Sachsen».
1923 Reichsexekution gegen das kommunistisch geführte Sachsen.
1927–1930 Bau des Deutschen Hygienemuseums.
1933–1945 Nationalsozialisten in Sachsen an der Macht.
1944 Erster Bombenangriff auf Dresden (über 400 Tote).
13./14.2.1945 Zerstörung Dresdens durch drei Angriffswellen anglo-amerikanischer Luftflotten.
8.5.1945 Besetzung der Stadt durch sowjetische Truppen.
1945 Unter sowjetischer Administration nimmt die «Landesverwaltung Sachsen» ihre Arbeit auf.
1946 Regierungsbildung; Ministerpräsident Rudolf Friedrichs.
1952 Auflösung der Länder; Dresden wird Bezirksstadt.
1955–1958 Rückgabe der Dresdner Kunstschätze durch die Sowjets.
1964 Wiederaufbau des Zwingers abgeschlossen.
1969 Abschluß der Altmarktbebauung durch den Kulturpalast (mit Konzertsaal der Philharmonie und der Staatskapelle).
1979 Fertigstellung der Straße der Befreiung mit historischen Bürgerhäusern.
1985 Wiedereröffnung der Semperoper.
1986 Beginn der Aufbauarbeiten am Dresdner Residenzschloß («Sicherung der Bausubstanz»).
1989 Im Herbst, ausgelöst durch die große Ausreisewelle, Zusammenstöße zwischen friedlichen Demonstranten und der Polizei.
1990 Auflösung der DDR – Sachsen ist wieder Freistaat.

Register

Kursive Ziffern verweisen auf Abbildungen.

Personenregister

Orts- und Sachregister

Abkürzungen

AM = Gemäldegalerie Alte Meister, Dresden
BB = Berlin, Brücke Museum
BK = Büro für Bildende Kunst, Ausst., Dresden
BN = Berlin, SMPK, Nationalgalerie
FE = Museum Folkwang, Essen
GG = Grünes Gewölbe, Dresden
HM = Historisches Museum, Dresden
MG = Museum für Geschichte, Dresden
NM = Gemäldegalerie Neue Meister, Dresden
SL = Sächsische Landesbibliothek, Dresden
SO = Staatsarchiv Oberhofmarschallamt, Dresden

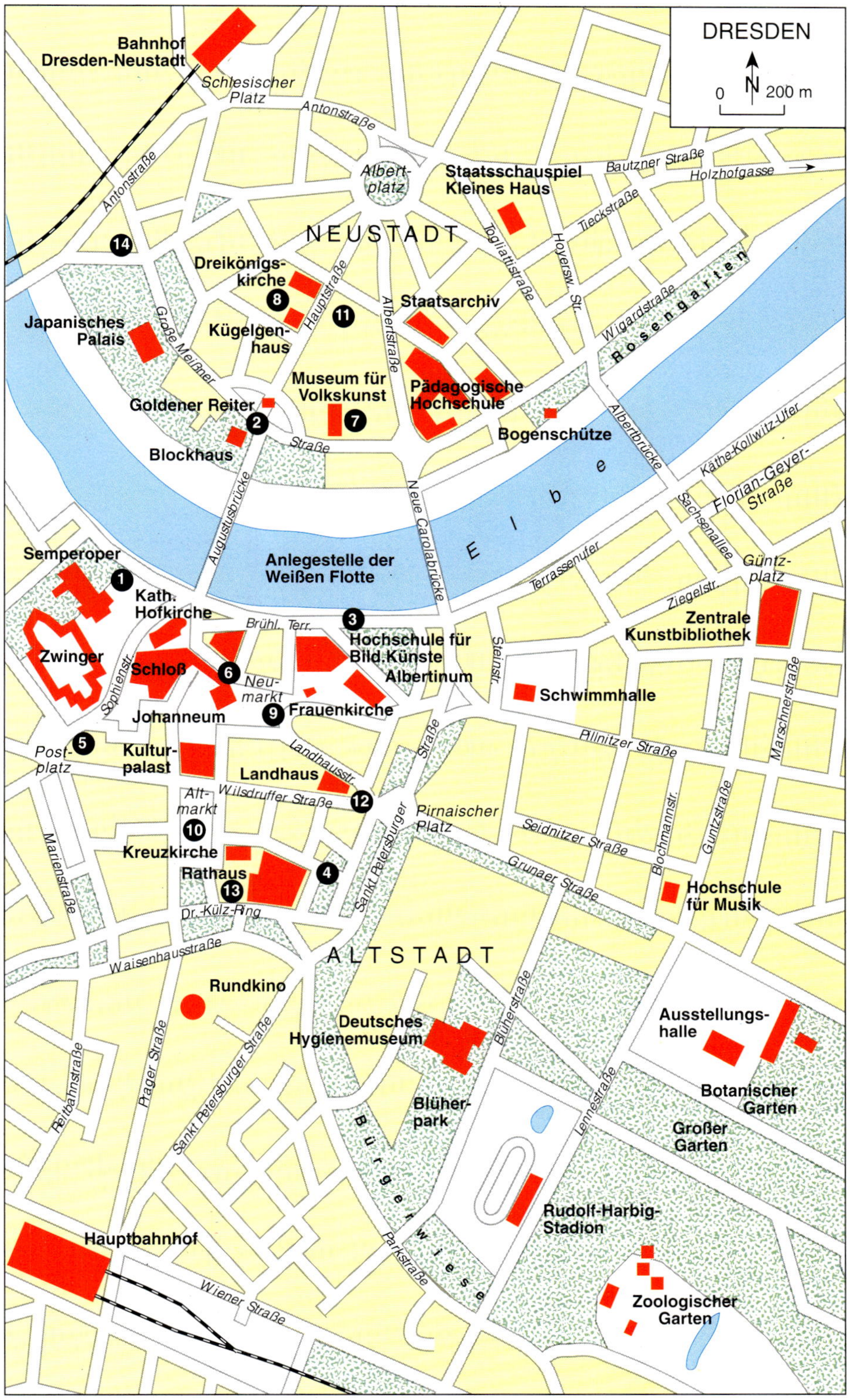

Sehenswürdigkeiten:
1 Altstädter Wache, Semperoper, Hofkirche
2 Blockhaus, Goldener Reiter
3 Brühlsche Terrasse, Moritzmonument
4 Ältester Dresdner Hofbrunnen
5 Cholerabrunnen
6 Türken- oder Friedensbrunnen
7 Jägerhof, Museum für Volkskunde
8 Dreikönigskirche
9 Palais Cosel, Ruine der Frauenkirche
10 Kreuzkirche
11 Kügelgenhaus
12 Landhaus, Museum für Stadtgeschichte
13 Neues Rathaus
14 Torhaus

Die Autoren

Kurt Biedenkopf, 1930 in Ludwigshafen geboren, studierte in den USA Politische Wissenschaft und in München und Frankfurt Jura und Volkswirtschaft. Nach Promotion und Habilitation wurde er 1967 Rektor an der Bochumer Ruhruniversität. 1965 schloß er sich der CDU an. Im April 1990 ging er als Gastprofessor an die Leipziger Universität und amtiert seit 27. Oktober 1990 als Ministerpräsident des Freistaats Sachsen.

Gerhard Glaser, 1937 in Halle/Saale geboren, studierte Architektur an der Technischen Universität Dresden und promovierte über Baugeschichte und Restaurierung des Grünen Gewölbes im Dresdner Schloß. Der vormalige Bauleiter der Zwingerbauhütte leitete von 1964 bis 1979 den Wiederaufbau der katholischen Hofkirche und war beteiligt am Wiederaufbau des Albertinums, der Sicherung des Schlosses und der Wiederherstellung der Semperoper. Seit 1982 ist er Chefkonservator im Institut für Denkmalpflege.

Günter Jäckel, 1926 in Bahra (Erzgebirge) geboren, studierte Germanistik und Anglistik in Leipzig. Nach Promotion war er Lektor an der Pädagogischen Hochschule in Potsdam und Oberassistent an der Technischen Universität Dresden, wo er 1990 Professor für Neuere Deutsche Literatur an der Fakultät Geistes- und Sozialwissenschaften wurde. Er ist Verfasser und Herausgeber zahlreicher Veröffentlichungen zur Literatur.

Harald Marx, 1942 in Berlin geboren, studierte Kunstgeschichte an der Humboldt-Universität in Berlin, wo er mit einer Diplomarbeit über Schinkel und die Romantik abschloß. Seit 1966 ist er wissenschaftlicher Mitarbeiter, seit 1980 Kustos der Staatlichen Kunstsammlungen Dresden. Der in Halle/Wittenberg promovierte Kunsthistoriker verfaßte über hundert Publikationen und gilt als international anerkannter Wissenschaftler.

Jürgen Paul, gebürtig aus Dresden, studierte in Freiburg, München, Berlin und Florenz. Nach Promotion 1963 lehrte er in Köln, New York und Toronto, habilitierte sich 1973 und wurde nach einer Professur für Architekturgeschichte an der TU in Braunschweig 1979 Professor an der Universität Tübingen. Er ist Autor von Publikationen zur Kunstgeschichte, Architektur- und Stadtgeschichte und über den Wiederaufbau Dresdens.

Günter Reinheckel, 1933 in Glauchau/Sachsen geboren, studierte Kunsterziehung an der Universität Leipzig und lehrte anschließend Kunstgeschichte und Zeichnen an der Berufsschule der Staatlichen Porzellanmanufaktur Meißen, wo er bald das Museum neu einrichtete. Nach Studium der Kunstgeschichte und Promotion wurde er wissenschaftlicher Assistent, 1969 Kustos und 1970 Direktor am Museum für Kunsthandwerk Dresden, Schloß Pillnitz. In zahlreichen Publikationen widmete er sich dem Kunsthandwerk.

Eberhard Steindorf, aus Zwickau stammend, studierte in Dresden Kirchenmusik und in Leipzig Musikwissenschaft. 1962 wurde er Dramaturg für Musiktheater und Konzert in Eisleben, dann in Chemnitz. Seit 1971 ist er Konzertdramaturg für Staatsoper und Staatskapelle Dresden. Er lehrte fünfzehn Jahre lang an der Musikhochschule Dresden und hielt über ein Jahrzehnt lang Vorträge an der Bergakademie Freiberg. Zwei Buchveröffentlichungen und zahlreiche Publikationen über Staatskapelle und Dresdner Kapellgeschichte.

Bärbel Stephan, 1949 in Pirna geboren, studierte Kunstgeschichte und promovierte 1988 am Kunsthistorischen Institut der Martin-Luther-Universität Halle über den sächsischen Bildhauer Johannes Schilling. Sie ist wissenschaftliche Mitarbeiterin der Staatlichen Kunstsammlungen Dresden und Kustos der Skulpturensammlung. Zahlreiche Veröffentlichungen und Ausstellungsbearbeitungen.

Eberhard Stimmel, 1938 in Chemnitz geboren, lebt seit 1959 in Dresden. Nach seiner Ausbildung als Diplomgewerbelehrer und wissenschaftlicher Bibliothekar ist er an der Sächsischen Landesbibliothek als Fachreferent für Sachsen tätig und gehörte mit zum Verfasserteam des Lexikons zur Geschichte Dresdens, wo er wirtschaftsgeschichtliche Themenbereiche betreute.

Dieter Zumpe, 1940 in Glashütte/Sachsen geboren, studierte Germanistik und Geschichte an der Pädagogischen Hochschule in Dresden und Theaterwissenschaften an der Humboldt-Universität in Berlin. Seit 1971 Theaterrezensent und Kulturredakteur. Verfasser von Reisen in Deutschland: «Dresden», Reisen in Deutschland: «Sächsische Schweiz» und Mitautor des Bucher-Reisebildbandes «Sachsen».

Bildnachweis

Archiv für Kunst und Geschichte, Berlin: S. 62 u. (4), 63 o.l., o.r., u.l. und u.r. (4), 75, 97 (2), 98 (2), 103 r., 105, 114 o. und u.r., 121, 124 (2), 125 (2), 129 u.r., 144 (2), 145 (5), 159, 226, 229 u.r. und M. (2), 230 u.l.; Bildarchiv Foto Marburg: S. 89, 91, 92, 93, 94; Bildarchiv Preußischer Kulturbesitz, Berlin: S. 35 o.l., 40, 41, 62 o.l., 161, 182 r., 195, 230 u.r., 232 u.l.; Hamburgische Staatsoper: S. 129 o.r.; Sächsische Landesbibliothek, Dresden: Vor- und Hintersatz, S. 13, 17–28 (17), 31, 32 (3), 33 (2), 34, 35 o.r. und u. (2), 36, 37, 61 (2), 62 o.r., 63 u.M., 64 (3), 67 r., 68, 69, 70, 71 (3), 72, 76–86 (12), 90 (2), 99 (2), 100/101 (3), 102 (2), 103 l., 106–113 (10), 114 u.l., 115–118 (4), 123, 181 u.l., 196 (2), 197 (2), 198, 199, 200/201, 202 (2), 221, 228, 229 o. und u.l. (2), 230 o., 231, 232 o. und u.r., 233 (2); Sammlung Axel Schenck, München: S. 14, 15; Süddeutsche Zeitung Bilderdienst, München: S. 67 o.l. und u.l., 129 o.l. und u.l., 146, 160 (2), 180 (2), 181 o.r. und o.l., 182 o.l.; Theatermuseum Köln: S. 130; Schott Verlag, Mainz: S. 127 (6); Ullstein-Bilderdienst, Berlin: S. 128 (2), 181 u.r.
Alle anderen Abbildungen stammen von Axel M. Mosler.

Die Karte Seite 239 links zeichnete Astrid Fischer-Leitl, München.

Wir danken allen Rechteinhabern für die Erlaubnis zum Nachdruck. Leider war es nicht möglich, alle Rechteinhaber zu ermitteln. Wir bitten diese, sich an den Verlag zu wenden.

Vor- und Hintersatz: «Der Neumarkt zu Dresden vom Jüdenhof aus» (um 1750) von Bernardo Bellotto (Öl/Leinwand; 136x236 cm; AM), Ausschnitt.

Impressum

Konzeption: Axel Schenck
Lektorat: Friederike Meyer, Linda Walz, Irene Braun
Bilddokumentation: Maria Guntermann
Graphische Gestaltung: Peter Schmid
Herstellung: Angelika Kerscher

Printed and bound by Amilcare Pizzi, Milan
ISBN 3 7658 0704 4

88.–